U0460460

外语教学理论
与韩国语课堂创新研究

朴香玉　著

延边大学出版社

图书在版编目（ＣＩＰ）数据

外语教学理论与韩国语课堂创新研究 ／ 朴香玉著
-- 延吉：延边大学出版社，2022.11
　　ISBN 978-7-230-04178-2

　　Ⅰ．①外… Ⅱ．①朴… Ⅲ．①朝鲜语－课堂教学－教
学研究－高等学校 Ⅳ．①H559

中国版本图书馆 CIP 数据核字(2022)第 207030 号

外语教学理论与韩国语课堂创新研究

著　　者：朴香玉
责任编辑：翟秀薇
封面设计：吴伟强
出版发行：延边大学出版社
社　　址：吉林省延吉市公园路 977 号　　　邮　编：133002
网　　址：http：//www. ydcbs. com　　　E-mail：ydcbs@ydcbs.com
电　　话：0433-2732435　　　　　　　　传　真：0433-2732434
印　　刷：天津市天玺印务有限公司
开　　本：787 毫米×1092 毫米　　1/16
印　　张：11.75
字　　数：200 千字
版　　次：2022 年 11 月第 1 版
印　　次：2024 年 3 月第 2 次印刷
书　　号：ISBN 978-7-230-04178-2

定　　价：58.80 元

前　言

　　外语教学是一个非常复杂的过程，既有其内在的学科规律属性，又异于其他学科的教学，还要服从于世界变革的大势、中国经济与社会发展的大局。因此，为了强化外语教学质量，加强学生对外语的理解和掌握，学校必须对外语教学的理论给予高度重视。另外，经济全球化趋势不断加快，中国与韩国之间的文化、经济交流越来越频繁，韩国语也渐渐成为高校语言教学中的重要内容。在开展韩国语教学的过程中，为了能够强化与提升学生的跨文化交际能力以及应用韩国语的听、说、读、写等能力，培养出更加优秀的韩国语人才，教师有必要立足于中韩文化的外语教学研究，积极探索中韩语言、文化和交际上的不同，思考与研究跨文化视域下的韩国语创新教学，力求创新韩国语课堂，以便在韩国语教学过程中增进学生学习韩国语的积极性，提高学生的课堂参与度，增强韩国语教学的实效性。

　　鉴于此，笔者撰写了本书。本书有两大特点：第一，结构严谨，具有深刻的启迪性，注重构建较为科学、完善的知识结构，重点研究和探讨外语教学理论的相关内容；第二，注重内容的现实性和超前性，无论是对韩国语课堂创新的理论阐述，还是对其相关实践的分析，力求将求新、求实贯穿撰写主线。

　　本书在编写过程中，借鉴了大量的文献资料与前人的研究成果，在此表示感谢。由于时间仓促，加之精力、水平有限，书中难免存在疏漏与不足之处，望各位专家、学者和广大读者批评指正，以使本书更加完善。

目　录

第一章　外语教学的语言与差异 1

　第一节　外语教学中的语言元素 1

　第二节　外语教学中的差异分析 16

　第三节　汉语和韩国语语法的差异 25

第二章　外语教学的组织与评估 28

　第一节　外语教学的大纲与课程内容设计 28

　第二节　外语教学中教材内容编写与选用 33

　第三节　外语教学中教育者的具体培养 38

　第四节　外语教学成果的测试与评估方法 48

第三章　外语教学核心体系的构建 53

　第一节　外语教学的现代理念构建 53

　第二节　外语教学主体与过程构建 66

　第三节　外语教学的创新方法构建 80

　第四节　外语课堂教学的形式构建 88

第四章　外语教学的跨文化发展 95

　第一节　跨文化视域下的外语教学理论与方法 95

　第二节　跨文化视域下的外语翻译与人才培养 131

　第三节　跨文化视域下的外语教学课程发展 140

第五章 韩国语课堂模式的创新 **152**

第一节 韩国语课程与文化自信融合的教学模式 152

第二节 "诗歌导入型"韩国语教学模式的 构建 159

第三节 职业定位与职业能力下的韩国语 教学模式 163

第四节 应用韩国语专业人才培养模式的创新构建 167

第六章 韩国语课堂的创新实践 **171**

第一节 职业用途韩国语课程的开发策略与实践 171

第二节 跨文化交际在韩国语教学中的实践研究 173

第三节 现代信息技术在韩国语教学中的应用实践 176

参考文献 **180**

第一章　外语教学的语言与差异

第一节　外语教学中的语言元素

一、外语教学中的语音教学

语音是语言存在的物质外壳和物质基础。语音和语调正确与否直接影响交际效果。良好的语音基础有助于听、说、读、写等能力的形成。可见，掌握语音是学习语言的基础。语音教学是整个外语教学的起点和基石。大学阶段语音教学以基础段为主，其起点、难度、采用的方法和所用时间可以因学生对目的语的认识程度（零起点或非零起点）而异，但语音教学的最终目标是一致的，即除了传授知识以外，应使学生获得以下能力：①听音、辨音、迅速拼读音标和模仿的能力；②将单词的音、形、义联系起来并做出迅速反应的能力；③朗读文章和诗歌的能力；④把句子的读音和意义直接联系起来，进行初步交际的能力。

语音教学历来都是外语基础教学的一个重要环节，其教学目的是对学生进行语音训练，在口语交际中使发话人及受话人"达意"，这就要求学生的语音和语调基本正确。学生在学习外语时如果发音不够标准，不仅会影响到他们与别人的交际，还会使他们对外语学习产生畏难情绪，进而失去学习外语的兴趣。

由于受方言的影响，不同地区的学生在外语发音上所犯的错误也各异。例如，有些地区/n/和/l/不分；有些地区/r/和/l/不分；当/r/与元音拼读时，学生感到发音困难等。其原因在于他们不了解外语和汉语语音系统的差异。

任何一种语言都有其特定的语音系统和独特的发音规律。任何人在学习另一种语言的发音系统时都会受到本族语发音方法的影响，而这种影响是在外语学习中必须克服的。在语音教学中，如何利用学生的母语知识，按照迁移规律，提高学生的外语语音能力，减少汉语方言对外语发音的影响，是语音教学亟待解决的问题。

（一）语音教学的原则

1.处理好听说顺序的原则

听是语音教学的根本方法。先听音、后开口是语音教学的基本步骤。在开口之前要让学生接触一定量的专业的语音、语调，给他们以强烈的感官印象。可以通过影视、录音或教师的示范发音、朗读进行听音。从这个角度而言，学生的听是以教师的说为前提的。因此，语音教学对教师而言是先说后听（听学生的语音、语调状况），对学生而言则是先听后说。作为语音教学的辅助手段，听可以有不同的目的与进行方式。在以模仿为主的听中，学生的注意力集中于听和听后的模仿。在以辨音为目的的听中，学生的注意力在于比较和区别。听写单音、音组、单词或句子就是很好的辨音训练手段。以熏陶为目的的听主要是使学生多接触目的语的语流，以弥补因缺乏语言环境而造成的不足，培养学生的语感。在听时，教师可以提出针对性的要求，如注意连读、注意语调等。

2.适当"宽容"的原则

学生的接受能力不同，个人语音面貌也存在着客观差异。正确与否、标准与否有时是相对的，即使是以目的语为母语的人，其语音状况也不可能十全十美。因此从语音学习的长期性和可发展性来看，盲目要求学生"一次性达标"并不可取。反之，在语音教学中如果能有分寸地将严格要求与适当宽容相结合，时间使用将会更加有效，教学将会更加轻松。一般而言，在语音教学过程中，教师严格要求、严格训练学生听音、辨音、模仿发音；而在单个语音项目的一次训练中，可偶尔降低要求。

3.语言单位多层次教学的原则

虽然语音教学的重点是语音，但并非孤立的语音，因此不能就语音论语音。对于单音，只有在词和句子中反复练习，不断纠正，多次体会才能掌握；也只有在有意义的意群中学习，才能体现学习价值，激发学习兴趣。单音、单词、音组、词组要和句子结合，要求把例词、例句、对话作为重要的教学材料使用，要尽量在语流和交际中学发音。

4.阶段教学与全程监控相结合的原则

语音教学是持续整个学程的，不同阶段语音教学的层次和重点不同。初级阶段的语音教学以示范和模仿为主，重点在于使学生掌握语音和语调的机械性标准。语流层次的教学所占比重较少，能顺利进行拼读和完成简单的问答是该阶段对学生的基本要求。中级阶段应以语流和语调知识为重点，着眼于使学生掌握语音和语调的变化规则或交际规则。教学方法是由语义入手，音义结合，在情景和功能的背景下训练，使教师把握语音、语调的变化规律，创造性地进行练习，从而使学生能够较顺利地完成以句为单位的话语交际。高级阶段要注重语调和意义的联系，着重培养学生的朗读能力和连贯表达能力。

5.理性认知与感性模仿相结合的原则

模仿的前提是示范（为此教师必须注意提高个人的语音素质）。示范要求有鲜明的对比性，即把示范的音、调放在其他音、调的系统之中。语音规则显示单独的语音（或语调）与其他语音（或语调）的联系，把未知的与已知的联系起来，突出新点、难点和重点。实践是对示范的解说和对模仿的指导，故教师在语音教学中应要求学生熟练掌握语音规则，并且要与模仿练习相结合。最后需要注意的是，语音课不等于语音学理论课，对语音知识的讲解要适量适度。课堂教学的大部分时间应用于各种形式的语音示范、模仿和纠正。当然，对某些共性错误的对比、分析、纠正及语音规则的总结还是必要的。

（二）语音教学的内容

1.音与字母的教学

音的教学包括单音教学和音组教学。单音教学要突出难点和重点，一般包括以下步骤：

（1）听音感知

听音感知是学生学习发音的第一步，教师应要求学生听清楚、听准确，正确感知所学的音素。此时，教师可以借助录音，使学生感知外国母语者的地道发音。

（2）模仿和讲解发音要领相结合

在清楚听音感知的基础上进行模仿，如果学生模仿不准，就需要教师讲解发音部位的要领。讲解要简明扼要，突出特点。学生掌握要领后，再模仿练习。这种在理性指导下的模仿是积极的，有时比盲目被动模仿的成效要好。此时甚至可以让学生借助小镜子观察自己发音部位的情况，对自身的发音进行及时调节和校正。除此之外，教师在讲解发音要领时，对于外语中与汉语完全不同的音，可以适当采用对比的方法，让学生注意到它们之间的区别，从而有的放矢地进行教学。当然，如果学生对某个音模仿很准确，就不需要过多地讲授发音知识。

（3）设计有针对性的练习题

对易混淆的一对音，教师可以利用音差较小的音组或单词组织学生练习，使学生将注意力集中到所要区别的两个音素上，加强学生的辨音能力。

（4）进行单音听写

音的教学应做到听说结合。要使学生学会正确地道的发音和拼读，就要加强学生审音、辨音的训练，从而增强学生的听觉敏感度。在单音听写时，教师读单音，每个音读三遍，学生听音辨音后，写下所听到的音，最后教师再通读一遍，学生做最后的检查。在教师批改完、学生核对完答案之后，学生可针对听错的音再加强发音和听音训练。

音组教学可以与单音教学同时进行。这样一方面有助于辅助单音的教学，另一方面有助于培养学生独立拼读单词的能力。掌握辅音连缀、弱读、失爆、连读等技巧是学习音组的重要内容。语音段教学应使学生在拼读音组时达到脱口而出的程度。字母教学应注意利用字母名称和读音（音标）相结合，字母表和元音、辅音分类表相结合等，还可通过例词与例句帮助学生掌握音和形，并以快速听写和快速认读字母卡的方式来加强字母的音、形在学生头脑中的联系。较普遍的字母与音标配合方法是先教字母、后教音标，而新兴的教学法则是字母与音标同时对比教授。

2.语流的教学

操练单音和音组是为说连贯语句及表达思想服务的。语音教学最终必须在语流，即句子和语段中进行。语流教学主要包括重音教学、节奏教学、连读教学和语调教学等。

（1）重音教学

重音包括词重音和句重音。词重音是一个简单易学但又需要时时强调的项目。大学高年级学生出现的"反复性"错误有相当部分是词重音错误，而不是句重音错误。因此，在基础段的语音教学中，教师要把重音当成单词的一个重要属性来教授。当词重音的概念在学生头脑中比较牢固的时候，再提醒学生，重音在语流中是可以流动的，这种变化受节奏影响，因而要重视句重音。句重音一方面体现目的语特有的节奏，另一方面表达说话人的情感。句重音教学要与节奏教学及课文教学相结合，通过课文的规范化朗读和背诵把握句重音技巧，并在言语交际中有意识地运用该技巧。

（2）节奏教学

节奏指语句中各音节的轻重、长短和快慢之间的关系，它包括重音、时间和连续。外语计算节拍以重音为主，而汉语则以音节数目为主。外语中的多音节词或语句，总是以重音为骨干，以轻音为陪衬，而重音与轻音又是交替出现的。如果一句话中出现几个重音，那各个重音之间的时间间隔要大致保持相等。为了取得这种时间间隔的相等，说话或朗读时就要采用各种方法来调整。先要注意各个重读音节之间的轻音数目。轻音少就可以念得慢点，轻音多就必须念得快。中国学生较难掌握外语的这一重要特点。他们只习惯于将每个音节、每个词都清楚地念出来；而不会把几个轻读音节压缩在一起，快速而含糊地说出来。在教学中，教师在讲清楚节奏的这一特点时，可用手打着节拍示范，让学生模仿练习。此外，话语的节奏、停顿次数、长短和位置往往受句子语义和说话人情感的制约，因此要引导学生根据意群恰当停顿。

（3）连读教学

连读是指在一个意群中词与词之间的连读，它是简化发音动作、提高语速、突出节奏感的重要手段之一。中国学生的连读之所以掌握得不好，往往是由于在外语学习的入门阶段，长期进行孤立的单音和单词训练，形成了一个字一个字的发音习惯。因此，教师应该在入门阶段就注意在语流中学发音，并不时地提醒学生注意连读。

（4）语调教学

学习目的语的语调最易受母语负迁移作用的影响。对中国学生而言，他们在学习外语时往往不习惯用升调，要么语流平淡、呆板，要么过分强调语调。教师在教学中要讲解语调的特点，反复示范，让学生模仿练习，使他们感知正确的语调。

二、外语教学中的语法教学

（一）语法教学的作用

语法教学与培养学生的综合运用语言能力是相辅相成、缺一不可的。语法知识的合理传授，会对听、说、读、写四种技能的培养产生事半功倍的效果。具体而言，语法教学在外语教学中的作用是由语法教学的特点决定的。

第一，语法教学使输入的语言更易于理解，使学生接触的语言系统化，便于学生由浅入深地将语言分级处理。语法教学在安排语言输入时一般按照由简到繁、由浅入深的顺序进行，以利于学生消化吸收。

第二，语法教学可以使学生更易于把接受的语言信号分析为可理解的语言单位。对具体的语言材料理解而言，语法教学可以使学生对输入的语言化繁为简、化难为易，使学生更易于理解输入的语言。这种作用在外语学习的初级阶段不怎么明显，因为学生接触的语言材料比较有限，比较容易理解。但是在中高级阶段，随着语言材料的难度加深以及学生自学能力的增强，语法教学的这一特点对语言的输入起着更重要的作用。

另外，语法教学可以帮助学生对目标语做出无意识的假设。学生可以根据所学的语法规则，联系上下文，对碰到的问题进行推理。这样，语法教学能够起到很好的纠错作用。总而言之，语法能力应该是综合运用语言能力的组成部分之一。在当前外语教学中，教师应当注重把语法教学合理、有机地渗透于交际活动当中，将零碎的语法点与真实有效的语境结合起来，有目的地设计一系列含有语法知识的活动，使学生在贴近生活实际的语言材料中提升多种能力。

教师在语法教学中应当做整体考虑、综合设计、逐步推进、归纳拓宽，使语法教学呈现"总—分—总"的教学规律。具体而言，教师在教学过程中要熟悉教材，了解教材对语法知识的前后安排；在讲授语法知识的过程中，可以从纵观的角度进行合理安排，同时通过教学过程中的听、说、读、写、讨论、活动等教学形式对语法知识进行横向操练；在总体学完每项语法知识之后，对其进行归纳和总结，并加以拓宽，以达到能够在实际语言中灵活应用的程度。

（二）语法教学的原则

语法规则是语言的主要组成部分，掌握语法知识能够帮助学生切分语言信号，并在理解的基础上系统地学习语言的使用，因此语法教学在外语教学中占有重要的地位。语法教学始终要明确一个目的，那就是为培养学生的语言技能、提高学生使用语言的实践能力服务，而不是单纯地灌输语法知识。因此，语法教学应尽量避免下述问题：重知识，轻技能；重详细讲解，轻反复练习；重书面练习，轻口头练习；重语法分析，轻语法使用；重掌握规则，轻掌握实例。

为此，语法教学应遵循以下原则及方法：

1.阶段侧重的原则

语法项目的安排和处理必须考虑到语言学习的阶段性特点。初级阶段应侧重基本词汇和基本句型，以识别、模仿、套用为主，通过句型教学的方法教授语法。中、高级阶段应以归纳、比较、系统分类为主，中级阶段应侧重复杂的句型和篇章结构，高级阶段应侧重对学生的语体、文化敏感性的培养等。

2.由浅及深的原则

教师讲授语法不仅要注意条理，还要注意层次。要由表及里，由浅入深，由一般至特殊，由简单到复杂，一层层教下去，使每一层次的教学都达到预定的指标。层次打乱了，容易使学生（特别是理解能力较差的学生）感到混乱，形成心理障碍，从而导致学生跟不上学习节奏。

3.多次循环的原则

一个语法项目往往有很多内容，有很多规定和例外，不能一下子全部塞给学生。教师要在教学过程的各阶段采取不同的处理方法，循序渐进地教给学生。因此，语法项目的教学要从低级阶段延续到高级阶段，由浅入深，多次循环。

4.以语言材料为基础的原则

语法教学必须在大量丰富、真实和分级的语言材料的基础上进行。只有让学生接触大量真实的语言材料，才有可能真正地培养学生的语法意识，从而使学生大脑中的语言习得机制充分发挥作用，使外语学习收到事半功倍的效果。

5.使用多元教学方式的原则

多元教学方式主要包括：机械记忆与交际操练相结合，自然渗透与系统讲解相结合。对于语法中的某些内容，如英语、俄语、韩国语中的某些词形变化，应使用机械性背诵的方法；但是，机械性背诵只是为活用语法知识奠定好基础，因此应辅以适量的交际性训练，使机械性背诵奠定的基础在交际性训练中得以灵活运用，逐步形成一种自然的技能。有些语法项目结构简单，过多的讲解不仅没有必要，有时还很难讲清楚。此时，教师只要把结构特点及该结构所表达的意义讲清即可。这种现象每出现一次，就要引导学生发现一次，学生见得多了，自然就掌握了。有些比较复杂的项目需要教师进行系统讲解，使学生了解其来龙去脉和各种成分之间的语法关系，然后模仿、套用，直到灵活运用。在讲解时，教师要把复杂的简单化，烦琐的条理化，抽象的具体化，具体的概括化，选择最佳角度入手，选择最典型的例子进行解剖，力求一次讲透，给学生留下深刻而准确的印象。

此外，还可以使用对比法和图表法作为语法教学的辅助手段。适当的外汉对比可以使中国学生看到两者间的差异，既可有意识地排除母语的干扰，又可利用母语的正迁移影响；图表概括法特别适用于某些简单零乱、条理不清的项目，它能使语法内容一目了然，给人以强烈的视觉刺激，易于记忆。

三、外语教学中的词汇教学

词汇是语言的构成材料，词汇知识是语言使用者语言能力的一部分。为了交流思想，人们必须掌握足够数量的词汇，尤其是要熟练地掌握常用词汇和习惯用语。新形势下的外语教学更注重能力的培养与提高。另外，词汇量的大小直接影响听、说、读、写能力的发展和提高。一定的词汇量以及对词汇的熟练掌握和恰当运用，对听的理解、写作内容的丰富、阅读速度的提高、阅读理解能力的增强以及翻译的精确和表达的准确，都具有重要作用。因此，词汇教学的基本任务就是使学生具有听、说、读、写的初步能力，为其进一步学习和运用目的语奠定良好的基础。

（一）词汇教学的原则

1.词汇教学的质量原则

虽然词汇量是制约学生语言能力的一个重要因素，但不是所有的词汇或某个词汇的所有的形态变化和意义用法都要求学生立即全部吸收、掌握。因为，不论是掌握全部学程的词汇量，还是掌握某个具体的词，客观上都需要一个消化和渐进的过程，形、义和用法的掌握都要逐步提高，自然推进和加深。换言之，词汇教学在质与量的要求上必须有明确的针对性、目的性和层次性。

教师在教学初期应特别注意常用词汇的核心词义及用法的教学，学生所学的词汇都应是适合于说和写的日常生活常用词汇，要求学生在理解的基础上能够输出。在中级阶段，教材中会出现少量暂不要求掌握的常用词，这些词可以暂时作为消极词汇来对待，教师的任务在于不断扩大积极词汇并提高学生运用词汇的熟练程度，并防止积极词汇退化为消极词汇。在高级阶段，要适当扩大学生的消极词汇量，培养学生利用上下文线索进行理解的能力。

总而言之，词汇教学不能过分或片面强调质、强调熟练，而忽略了量的要求。实际上，在词汇教学中，质与量是相互依存、相互作用的。学的词越多，搭配使用就越广，联系性和系统性也会因此加强，巩固和熟练程度自然会提高。

2.词汇教学的系统原则

词汇是语言中一个庞大的系统，词汇与语言的其他组成部分之间、词汇内部各组成部分之间都有必然的联系，这种联系也会对词汇教学产生一定的积极或消极影响。词汇教学的任务之一是要使这种影响为己服务。

词汇教学要向学生展示词汇的系统性和联系性，使学生掌握词汇在各方面的变化和转化规律，化机械记忆为理解记忆。为此，教师在备课时不能只是查抄大量的词义，还要研究并找出新词和旧词在形、音、义上的联系，并且要在词的联系和词的演进系列中教授词汇。

不同的词搭配在一起构成不同的句型，因此在人的意识中就形成词的使用上的演进系列。单词的使用演进系列有多种设计方法，如动词的时态演进、形容词的强度演进、名词的种类和属性演进、主体与客体之间行为关系的演进等。把同一个词放进几个在逻辑上有一定联系的演进系列，词的使用就由平面式上升为立体式，学生的理解也会加深。此外，演进系列实际上又是话语序列，所以在演进层次中教授单词有助于提升学生的口笔语表达能力。

另外，词汇教学不能孤立于语音、语法、听说、读写的教学之外。离开了应用，离开了与实践的结合，词汇教学将效率低下。词汇教学在系统原则下的主要方式包括：联想、比较和应用。

语言的运用单位是句子，词只不过是句子的成分。因此，词汇教学只有结合句型教学，才能使学生通过具体的语言材料来理解、掌握词的用法。此外，词的许多语音特征、词形变化规律和词的各种不同意义的展示只有在句型中才能综合地体现出来。

3.词汇教学的文化原则

教师在外语教学中应结合所教语言的文化背景因素来教授词汇。比较少见在不同的语言中词语的意义完全相同的情况。大多数情况下，在不同的语言中，相同的词语所表示的概念是不同的。即使是不同语言中概念意义或主要意义相同的词语，也因它们的文化背景不同，在意义和用法上也有很大的差异。总而言之，在外语教学中若不结合目的语的文化背景因素来进行词汇教学，将很难达到使学生正确地理解和恰当地使用这些词汇的目的。

4.词汇教学的释义原则

在词汇教学中，教师可根据实际情况决定采用何种语言作为教学语言。初级阶段学生词汇量有限，新词的词义很难用直观手段或用目的语解释清楚时，利用母语讲解既可以把词义及用法概括得清晰明了，又可以节省教学时间。母语释义主要用于直接翻译非等值词以及对比近值词的意义和用法。母语释义必须适时、适量。当学生掌握了一定量的词汇和句型之后，教师应尽可能利用学生已经熟悉的目的语来解释新词。用目的语释义能温故知新，激发学生的积极思维，有助于提高学生的语言猜测能力。用目的语释义的常用方法是定义法，这种方法准确、省时，但当用作释义工具的词汇对学生也同样陌生时，就势必造成新的障碍。所以，在学生词汇量有限时，用目的语释义还可以根据情况采用其他方法。

（二）词汇教学的内容

词汇教学的内容包括词的音、形、义和用法，其中词义和词的用法是教学的重点。学生只有正确地掌握词义和词的用法，才能在听、说、读、写中正确地运用词汇。

1.音与形的教学

音与形的教学实际上是语音与语法在词汇教学中的具体体现。对词音的教学要注意拼读规则（即音变，如失去爆破、辅音的清浊转换、元音的弱化等）、词重音等在词中的体现，同时要注意发音与单词拼写的不一致。要借助标记音标等手段将词音与词形统一、协调起来，从而使学生学习时有规律可循。要在大脑高级神经活动系统中建立音和形的牢固的联系（其中包括各个具体的词的音和形的联系以及一类词的音和形的模式联系）。

此外，对词音的学习要以听为重点，要求学生记单词时一定要大声读出来。这是因为把学生的注意力集中于词的发音上，可以深化词的声音形象，而准确深刻的声音形象又有利于学生识记词汇。当学生已具有通过听觉来掌握词音的基础时，就可以利用读来掌握词音。

词音教学应与词义教学相结合。在外语学习的最初阶段，应该利用各种各样的方法来帮助学生建立这种联系，尽可能利用直观手段提示词义，让学生听音会意，使音义结合。

词形教学包括词的拼读、拼写、构词特点及词形变化教学。

2.意义与用法的教学

词的意义和用法教学包括：词的语义特点（如直义和转义、词的词典意义和语境意义、词的多义性、同义词、反义词、同音异义词的用法等）；惯用语（熟语、成语等）的意义和用法；词的修辞特征；词的句法特征（词的支配关系）以及词汇的语言文化伴随意义等。

词汇学习的目的是把词汇变成有意义的刺激，使之与一定的概念联系起来。各种语言中的词汇所代表的概念不完全相同。教词汇的意义就是要指出两种语言词汇所代表的共同概念体系和不同概念体系的区别，掌握两种语言词汇的个性与共性，使学生逐渐形成既有与母语不同的概念体系，又有在此基础上形成相对应的交叉联想体系。要解决这个问题，可以采用直观法（实物、图画、动作等）、列举法、用外语释义、用母语释义、利用同义词和反义词、利用上下文、利用构词法等方法。使用两种语言词汇时要注意考虑学生的外语水平，可以单独使用，也可以搭配使用。

3.常用词组的教学

常用词组（包括习惯用语）也是词汇教学的一个重要内容。常用词组是语言的"半成品"。掌握了常用词组，就不必逐词地按语法规则去组词、造句，有利于言语交际。所以，教师应从教学的最初阶段就要求学生掌握常用词组，特别是惯用语，以培养学生的听、说、读、写的能力。

（三）词汇教学的方法

结合心理语言学、认知心理学等理论与教学实践，教师在词汇教学中可以使用以下方法，帮助学生准确、得体地运用词汇。

第一，上下文法。上下文法是一种一直为人们所推崇的记忆单词法。心理学认为，将单词与具体的上下文建立意义联系，有助于学生记忆单词。具体的做法可以是，教师在讲解课文时，通过引导（如从句子的结构、上下文的对比、对生词的解释和比较、词的重述等方面入手）使学生通过上下文来猜测单词在文本中的具体意义。这样，学生会有更多的机会对词汇的用法进行较深层次的分析和理解，从而形成牢固的记忆。

第二，头脑风暴法。头脑风暴法常用于复习和巩固学生学过的词汇，也可用于介绍生词。教师可以在黑板的中心位置写出一个单词，然后让学生自由地说出与该词汇在意义或形式上存在某种联系的词汇。例如，写出一个及物动词，让学生说出其所能搭配的宾语；或者写出一个单词，让学生说出它的用法与意义等。通过词汇联想以及多层次和多角度的加工，来增强学生对单词的记忆。

第三，作文法。用目标词写作文的方式比用阅读的方式记忆单词保持得更长久。在巩固所学的生词时，教师可适当挑选一些难记或者多义的生词作为目标词，让学生用目标词写作文，以便于学生对词汇的长久记忆。这种方法不同于一般的写作练习，它不重视文章的结构，主要以增强目标词在上下文中的恰当使用为目的。

第四，词汇"板块"辨认学习法。语言的中心可以理解为是由各种"板块"组成的词库，板块的不同组合就形成了句子。外语可以分为四种板块：①词、短语；②搭配词；③惯用语；④句子框架和引语。学生只要创造性地运用这些板块就可以说出或写出句子。根据这一理论，现代词汇教学的主要任务就成了帮助学生辨认语言材料中的"板块"。学生应该认识它们的语用功能，学习如何将这些板块组合在一起，构成完整的语篇。通过对词汇"板块"的学习，可避免词汇语域使用不当的情况，提高学生语言运用的准确程度；同时，学生的注意力由个别单词转移到较长的句子结构，有利于提高语言表达的流利程度。

四、外语教学中的句型教学

（一）句型及其特点

所谓句型，指的是一种句子的典型结构，这种典型结构是根据句子的结构意义和结构特点归纳、概括出来的。从本质上而言，句型有以下四个特征：

第一，句型具有抽象性。换言之，句型是句子的抽象模式，并非任何一个具体的句子。

第二，句型具有代表性。每一个句型都是大量的有可能出现的具体句子的结构模型。换言之，一种语言句型的数量是有限的，而以这些有限的句型为模型衍化或生成的句子数量却是无限的。

第三，句型具有系统性。句型可按其结构特点分成不同的类别，而不同类别又可根据各自的特点做下位划分等，从而构成一个网状的句型系统。例如英语的从句句型有三大类别，即名词性从句、形容词性从句和副词性从句。名词性从句又可进一步分为主语从句、宾语从句、表语从句、同位语从句等。

第四，语言的句型系统各有特点。句型系统因语言不同而有所不同，如"把"字式句型、连动式句型属汉语句型系统的特点。

（二）句型教学的原则

在外语学习的初级阶段，句型教学是十分必要的，因为外语学习不同于母语的习得。在外语学习中，学生没有这种自然的语言环境，因此只能从一些常用的句型学起，在熟练掌握这些基本句型的基础上，逐渐发展自己运用外语的能力。外语教学中的句型教学应遵循以下原则：

第一，综合性原则。句型教学融语音教学、词汇教学、语法教学为一体，那些分散的、抽象的语音规则（如强读、弱读、重音、语调等）、词汇规则（如词的构成方法、词的搭配规则等）和语法规则（如名词的单复数、动词的变化形式、主谓一致的关系等）都在一个个具体的句型中得到有机的结合。因此，句型教学要结合语音、词汇、语法等各方面内容综合进行。这样，各种规则寓于句型之中，简单而直观，易于学生掌握各种语言知识。

第二，精讲多练原则。句型是用来给学生进行模仿的典型的语言结构模式。句型教学无须教师做大量的讲解，只要求教师在精讲的基础上，让学生活动起来，进行操练和练习，以达到掌握和运用这些句型进行交际的目的。

第三，句型结构与交际功能相联系的原则。句型教学以句子为单位，通过概括句子的结构形式，练习语言的核心结构，突出重点和精华，节约、集中时间，熟练基本技巧，以利于学生通过掌握目的语句子的基本结构，形成以句子为单位阅读和开口的习惯，从而提高言语活动的熟练程度。但是，外语句型教学不应孤立地教句子的结构形式，而应将句子的结构形式与句子的交际功能联系起来进行教学和训练，要让学生在语境中学会句型，这样学生才能在实际的交际活动中正确、恰当地运用所学句型。

第二节　外语教学中的差异分析

一、外语教学中的文化传统差异

（一）中国文化传统

1.中国的江河文明

一直以来中华民族被认为是一个极为重视"江河"的民族。江河为古代中国提供了生存所需、粮食给养、运输之载。正是这样，江河对中华民族的成长起着举足轻重的作用，为人民所重视。我国的江河文明主要包括以下内容：

（1）黄河文明

黄河文明的形成期大约在公元前 4000 年至公元前 2000 年，前后经历了两千年之久。黄河文明的发展期是它的升华阶段。从时代来说主要是夏、商、周三代，这时的黄河文明主要凝聚在黄河中下游的大中原地区，以今天的河南省为核心。大中原地区文化，即中原文化，是黄河文明的中心。

（2）长江文明

长江文明是长江流域各区域文明的总称，始于公元前 5000 年，距今已 7000多年，与黄河文明并列为中国文明的两大源泉。长江文明中的"稻作文明"，深远地影响着东亚文明乃至世界文明。长江文明有史前文明，如人字洞遗址、黄山轩辕黄帝文化、《千字文》诞生地、中华瑰宝文房四宝诞生地；还有环太湖的良渚文化，浙江的河姆渡文化，江西的吴城文化、神农洞文化，湖南的炭河里遗址、彭头山文化，湖北的屈家岭文化、石家河文化，四川的大溪文化等。长江文明中包含楚文化、越文化、吴文化、江右文化、三星堆文化。长江文明与黄河文明等中国各大古代文明长期相互影响、融合，最终形成中华文明。

（3）珠江文化

珠江文化是中国第三大母亲河——珠江水系及其相邻江河所抚育的流域文化。年代则从史前时代、先秦时期到近现代、当代均有涉及。例如，隋唐五代时期的珠江文化，就包括了隋至初唐的汉俚文化融合、丝路文化、科举制度与诗文创作、贬谪文化、民间传说与民俗文化、工艺文化及南汉国文化等；现代和当代前期的珠江文化，则包括历史转折中的珠江文化风涛、"地方自治"条件下的"自治文化""救亡文化""解放文化""运动文化"等。

（4）黑龙江文明

黑龙江文明是指依托于黑龙江、乌苏里江、松花江、嫩江等水域兴起发展的区域文明。黑龙江文明包括古代的土著文化（如原始文化、渤海文化、金源文化）、近代的移民文化和现代社会主义文化。黑龙江文明有其鲜明的特征：一是文化气质上的雄健性；二是兼收并蓄的容纳性；三是交流互动的高频率性；四是远离传统文化中心的边缘性；五是文化积淀的浅表性。

2.中国的文化习俗

（1）思维模式

第一，主体思维。在中国文化中，道家和儒家的理论学与哲学思想占据着重要和主导地位，两家思想都提倡以人为本位。

第二，具体思维。汉语的语法侧重具体思维。人们在说明问题和描述事物时习惯用形象法和比喻法，具有"尚象"的特征。这种思维对语言的影响是，汉语用词具体，习惯以具体的概念来表达抽象的事物，而且句中常会出现多个动词连用的情况，读起来生动形象。

第三，曲线思维。中国人的思维方式呈现曲线式，在表达思想和观点时常迂回前进，将做出的判断或者推论以总结的形式放在句子最末尾。这种思维方式在语言中的反映是，汉语先细节后结果，由假设到推论，由事实到结论，基本遵循"先旧后新，先轻后重"的原则。

第四，中国顺向思维。中国人更倾向于顺向思维，就是按照字面陈述其思想内容，这在语言中体现得十分明显，如"成功者敢于独立思考，敢于运用自己的知识"这句话就是按顺序表达，而且其意思可以按照字面意思理解。

（2）价值观

第一，交际观念。观念是人们经过学习在头脑中形成的对事物、现象的主观印象。思想观念往往是因社会教育（包括家庭教育和学校教育）逐步形成的人生观和价值观，属于意识形态范畴。观念的产生与人们生活的社会环境密切相关。人们观念的形成主要受家庭环境和社会环境的影响，因此，人们的观念主要包括家庭观念（婚恋观念、亲情关系、家族观念等）和社会观念（时间观念、自我认同观念等）。

第二，家庭观念。不同国家和不同民族的亲情观念不同。受儒家思想影响的传统中国家庭，其特点是以血缘为纽带、以伦理为本位。在中国传统宗族制的影响下，中国人形成了很强的家族观念。在中国，家族观念构成了复杂的亲属关系网。

第三，社会观念。社会观念是在一定的社会群体范围内，长期形成并需要其群体成员共同遵循的观念，这种观念往往被作为群体范围内人们交际的言语和行为的评判标准，从而影响到群体内的每一个成员。社会观念主要包括时间观念和自我认同观念。不同文化群体的时间观念存在差异，多向时间制的中国人支配时间比较随意，灵活性强，且重点是关注过去，因此中国人往往具有由远而近、由大而小、由先而后的聚拢型归纳式思维方式。自我认同观念是由自我身份认同、自我价值取向和自我价值的实现三大要素构成的对自我的理解、态度和塑造的观念体系。在中国传统文化中形成了"重名分、讲人伦"的伦理观念。而西方社会形成了"人为本、名为用"的价值观。这些差异具体体现在立身、处世等方面。由于长期受儒家道德价值观影响，中国的传统文化形成了重要的社会价值取向。受先秦时代"满招损，谦受益"的哲学思想的影响，中国人具有含蓄深沉、崇尚谦虚的传统观念。

受传统思想的影响，中国人形成了"他人取向的自我是义务本位"的观念。在中国传统文化中，个人是群体的分子，是所属社会关系的派生物。人们的群体利益优先于个人利益，个人利益依附于群体利益并通过群体利益来体现。自我的主体性、独立性、人格、地位常常被忽略，而以繁重的义务和责任的形式来体现。因此，中国人在处世方面首先考虑的是别人的感受和反应，注重顾全面子的交际原则，通常以牺牲自身利益或者委屈自己为代价来迎合他人进行交际。

（3）生活习俗

第一，饮食结构。中国的饮食文化丰富多彩、博大精深，烹饪技术更是独领风骚，风靡世界。了解中国饮食的结构与烹饪是做好饮食文化翻译的必备条件。中国的物产丰富，从而造就了中国人民丰富的饮食内容与结构。在中国人的饮食结构中，素食是主要的日常食品，即以五谷（粟、豆、麻、麦、稻）为主食，以蔬菜为辅，再加少许肉类。

除了以素食为主外，中国人还喜欢热食、熟食。在中国人的餐桌上，只有开始的几道小菜是冷食，随后的主菜多是热食、熟食。在中国人看来，热食、熟食要比冷食更有味道。中国人对热食、熟食的偏好与华夏文明开化较早和烹调技术的发达有很大关系。

第二，人名习俗。人名即人的姓名，姓名是人类所特有的一种人文符号。然而由于语言不同，其符号表现形式及含义也不尽相同。名和字在意义上是互为表里的。一般文人特别是作家都喜用笔名，如鲁迅、茅盾、老舍、冰心都是笔名。取用笔名有多种原因，或不愿公开自己的身份，或是象征某种意义，或体现一种风雅等。艺名一般多用于演艺界和艺术界。中国人名种类繁多，取名的来源及寓意更是复杂。中国人名大多以出生时、地、事以及父母对子女的期望来取名，即名含有计时、纪事、寄望等极为丰富的寓意。

如北宋著名政治家司马光，其父兄和他本人都是以地取名的。中国人的名字有些取自出生时间，如"孟春""秋菊"等；有的取自出生时的事件，如"解放""四清"等；有些取自长辈对孩子的祈愿和希冀，如"荣华"即"荣华富贵"，"成丰"即"成就功业，丰泽社会"等。但不管名字来历如何复杂，含义如何丰富，名总归还是名，名即"明"，就是分明和区别人与人之间的符号。

第三，服饰习俗：①服饰材料。中国的丝绸世界闻名，因此中国的服饰很多都是用丝绸制作而成的。另外，中国的服饰可以使用棉、麻等制作。简言之，中国服饰的选材是十分丰富的。②服饰图案。中国拥有悠久的历史，在不同的历史时期，人们所穿服饰上的图案是不同的。

（二）韩国文化传统

韩国具有与大陆和岛屿、陆地和海洋互相连接的半岛性地理条件。所以韩国的文化也位于南方文化和北方文化之间，具备特殊的地理条件和文化条件。北方文化又可以分为中国文化、游牧文化及西伯利亚文化，这些文化随着历史变迁，不同程度地与韩国的文化保持了密切的关系。所以在谈论半岛文化时，人们经常说半岛文化是周边文化的融合体。事实上，韩国的文化就很好地体现了各种文化融合的特性。

想了解韩国文化的特征，先要从地政学开始探讨。地政学这种单纯的要素，不仅在韩国文化的形成上起了决定性的作用，而且在理解今天的文化上，也是不可缺少的重要因素。但是如果只凭领土位置这一种因素，就完美地决定一种文化的特征，那么同意的人会很少。因为在领土上必然会发生民族和民族、文化圈和文化圈之间的交流，通过这种交流，使一种文化圈反复兴衰。所以，人们通常把历史看成文化交流的产物。韩国的情况也不例外。因此，韩半岛与周边民族相比，能够保留下来比较多的古代文化。现在韩国所拥有的丰富的民俗艺术和民俗文化就证明了这一事实。这种文化上的关系和地政学上的位置所形成的韩国文化的特征如下：

第一，韩国文化所具有的停滞性。受地理特征的影响，任何文化进入韩国，都不会轻易地出去，而是自然而然地固定下来。

第二，由于韩国领土具有局限性，所以韩半岛没能创造出独创的文化。这一点与第一个特征有相反的一面。

二、外语教学中的字词差异

（一）中韩汉字字量的比较

汉字有数千年的历史，如果把历史上所有使用过的汉字都累积起来，其数目是异常庞大的，然而每个历史时期实际使用的汉字数量是一定的。宋代编撰了《礼部韵略》（丁度等修订）作为科举考试用书，这部书最初收录了8829字，以后陆续出现各种版本，字数也有所增减，不过大体都保持在9000字左右。韩国在高丽时期就引进《礼部韵略》作科举之用，之后朝鲜李氏王朝又多次再版刊行。可以说，这9000字是知识阶层所要掌握的汉字数。

韩国曾经刊行过很多基础教育用汉字字书，其中最具代表性的是《千字文》《类合》和《训蒙字会》。《千字文》收字1000个，单卷《类合》收字1518个，《训蒙字会》收字3360个。

韩国在1945年后，语文政策几经变更，汉字教育问题始终未得到完满的解决。为满足汉文教学的需要，韩国文化教育部颁布《汉文教育用基础汉字》，选定了1800个汉字。此外，韩国人如果认识3000个左右的汉字，阅读文章基本上问题不大。所以将韩国学用汉字定为3000字的方案，具体分为三个级别：一级汉字为词频前1000个汉字，二级汉字为次词频1000个汉字，三级汉字定为次次词频1000个汉字。

（二）中韩复合词形态特征比较

1.汉语复合词的形态特征

汉语的复合词可按词性进行分类，在现代汉语中，将这些复合词的某些构成成分相互结合，就可以成为复合名词、复合动词、复合形容词、复合副词、复合数词等。"朋友、人民、运动员、体育场、文化中心、行政部门、笔供、事变、足球赛、核试验、期末考试、广告代理、口红、蛋白、产妇、赛车、跳高、跳远、买卖、参谋、得失、蓝天、深情、长跑、淡出、小说、大小、深浅、好坏、英雄"等是复合名词。复合名词是由名词与名词组合所构成的，如"朋友"等复合词具有名词一种词性；而动词与名词组合所构成的"回信"等复合词具有名词或动词两种词性。形容词与名词相结合所产生的大部分都是复合名词，但"深情"等复合词同时具有名词及形容词词性。形容词与动词组合所构成的"淡出"等复合词具有名词或动词词性，而"小说"是名词。形容词与形容词组合所构成的"好坏、大小"等复合词是名词，"英雄"同时具有名词及形容词两种词性。

"加油、奏乐、生产、研究、提高、说明、创新、澄清、严惩、热爱、渴求、想象、公开、褒扬、徒劳、同行、地震、声援、健全、宽大"等是复合动词。复合动词是由动词和名词相结合所组成的，如"奏乐"等复合词是动词。动词与动词组合所构成的大部分是复合动词，但"研究"等复合词具有动词或名词词性。动词与形容词组合所构成的"创新"等复合词同时具有动词及名词词性，而"澄清"具有动词或形容词词性，"严惩"只是动词。形容词和动词结合而形成的"想象"等复合词具有名词或形容词词性，而"公开"具有动词或形容词词性，"褒扬"只是动词。

"面熟、头昏、眼花、年轻、心乱、夸张、粉碎、勤勉、磅礴、精装、博学、热闹、干净、早熟、美好、刻苦、寒冷"等是复合形容词。复合形容词是由名词与形容词相结合所组成的，如"头昏"复合词具有形容词及动词词性，"眼花"具有形容词和名词词性，"心乱"只是形容词。由动词与动词组合所构成的"粉碎"等复合词同时具有动词及形容词词性，"勤勉"只是形容词。形容词与动词组合所构成的"磅礴"等复合词只是形容词词性，"博学"等复合词则具有动词及形容词词性，"热闹"等复合词具有名词、动词、形容词三种词性。形容词与形容词相结合所产生的复合词，大部分都是复合形容词。但"刻苦、寒冷"等复合词具有形容词及名词两种词性。

除此之外，还有"立即、十分、马上、稍微、曾经、未必"等复合副词，"四十、五百、七十一、八百九"等复合数词。由此可见，两个或两个以上构成成分相结合而形成的复合词,有的只有一种词性,有的具有两种或三种词性。

　　2.韩国语汉字复合词的形态特征

　　韩国语汉字词的形态特征取决于韩国语的汉字是否具有独立性。可以独立使用的汉字称为独立成分,不能独立使用的汉字可以称为依存成分。因此,韩国语的汉字复合词根据构成成分是否具有独立性,可分为独立成分和独立成分相结合的复合词、独立成分和依存成分相结合的复合词、依存成分和独立成分相结合的复合词、依存成分和依存成分相结合的复合词等四种。

　　窗門(窗户)、刑罰、東西、休紙桶(垃圾桶)、琉璃窗(玻璃窗)、出入門、人力資源、電話番號(电话号码)等构成成分都是独立成分,是独立成分和独立成分相结合而形成的韩国语汉字复合词。"窗門""刑罰""東西"是"窗"和"門"、"刑"与"罰"、"東"和"西"相结合而形成的2音节汉字复合词。"休紙桶""琉璃窗""出入門"是"休紙"和"桶"、"琉璃"和"窗"、"出入"和"門"相结合而形成的3音节汉字复合词。"人力資源""電話番號"是"人力"和"資源"、"電話"和"番號"相结合而形成的4音节汉字复合词。

　　"兄弟""法律""妻家(妻子的娘家)""圖書館(图书馆)""飛行機(飞机)""事務室(办公室)"等是独立成分和依存成分相结合而形成的韩国语汉字复合词。"兄弟""法律""妻家"是独立成分"兄""法""妻"与依存成分"弟""律""家"相结合形成的2音节汉字复合词。

　　"圖書館""飛行機、""事務室"是独立成分"圖書""飛行""事務"与依存成分"館""機""室"结合而形成的3音节汉字复合词。

　　"多情""登山""次男(次子)""留學生""青少年"是依存成分和独立成分相结合而形成的韩国语汉字复合词。"多情""登山""次男"是依存成分"多""登""次"与独立成分"情""山""男"相结合而形成的2音节汉字复合词。"留學生""青少年"是依存成分"留""青"与独立成分"學生""少年"相结合而形成的3音节汉字复合词。

　　韩国语汉字词以依存成分和依存成分相结合而形成的复合词,大部分出现在2音节或4音节复合词中,很少出现3音节的汉字复合词。韩国语3音节汉字复合词的构成成分中，其中有一个是独立成分。"日沒（日落）""落花（花落）"是依存成分和依存成分相结合而形成的 2 音节复合词，"明明白白""時哉時哉"是依存成分"明白""時哉"重复形成的 4 音节重叠复合词。

3.汉语与韩国语汉字复合词形态特征比较

汉语复合词与韩国语汉字复合词大部分由 2 音节、4 音节词汇构成。汉语复合词的构词成分是独立的。因此，汉语复合词只有独立成分和独立成分相结合而形成的复合词。韩国语汉字复合词，根据形态特征可分为独立成分和独立成分相结合而形成的复合词、独立成分和依存成分结合而形成的复合词、依存成分和独立成分相结合形成的复合词、依存成分和依存成分相结合而形成的复合词。

汉语复合词与韩国语复合词形态上的共同点是都存在独立成分和独立成分相结合而形成的复合词。不同的是独立成分和依存成分结合而形成的复合词、依存成分和依存成分相结合形成的复合词只存在于韩国语汉字复合词中，汉语复合词没有这种结合方式的复合词。

按照复合词的词性进行分类，也是形态特征之一。根据韩国的《标准国语大辞典》，可以独立使用的汉字可以赋予词性，但对不能单独使用的汉字不赋予词性。所以，本书没有按照韩国语汉字复合词构成成分的词性进行分类。

汉语复合词与韩国语汉字复合词的词性分类存在差异。汉语的复合词中有复合名词、复合数词、复合动词、复合形容词、复合副词等，这些复合词经常出现在现代汉语中；韩国语的汉字复合词只有复合名词和复合数词。

汉语复合词与韩国语汉字复合词在形态特征上存在较大差异。汉语复合词的构成成分可以赋予词性，而韩国语汉字复合词很难对构成成分赋予词性。由于韩国语单音节汉字词中可以独立使用的汉字词并不多，因此不可能对韩国语汉字复合词的所有构成成分赋予词性。所以，汉语复合词的结构方式要比韩国语汉字复合词复杂得多。另外，汉语复合词中一个复合词具有两种或三种词性。汉语复合词"回信""参谋"具有名词和动词两种词性，"规范""自信"具有名词、动词、形容词三种词性。如果名词用于动词，在形式上没有任何变化，也可以用于动词。反之，当韩国语汉字复合词"試驗（考试）"等带有副动词性质的复合名词作为动词时,应与后缀"-hada"相结合才能作为动词。如果使"困难(困难)"等带有副形容词性质的复合名词作为形容词,就应该与"-hada"相结合使用。

第三节　汉语和韩国语语法的差异

汉语和韩国语语法上的差异主要表现在以下方面:

一、语法关系的差异

韩国语用语尾和助词表示语法关系,汉语没有语尾上的变化,用虚词和语序表示语法关系。韩国语是一种语尾非常丰富的语言,可以通过语尾表示说话的语气是陈述、疑问、命令、请求、感叹、说话双方关系的亲疏或辈分高低。在韩国语中用助词可以明确地区分主谓宾等句子成分,或表示并列、罗列、强调、对照、让步等语法意义。汉语没有语尾变化,而是通过虚词和语序表示语法关系。汉语的语序,既是一种语法手段,又是一种修辞手段。

例1:江西人不怕辣,湖南人辣不怕,四川人怕不辣。

例2:你出的题太难了。←→太难了,你出的题。

例3:我喜欢这盆蝴蝶兰。←→这盆蝴蝶兰喜欢我。

例1通过变化"不""怕""辣"三个字的语序,将三省市的人不怕辣味的程度进行了对比,程度一个比一个深;例2是主语和谓语的变位句,通过谓语前置,将主语和谓语用逗号隔开,强调了谓语,突出了题目之难。例3则说明在汉语中,句子的语序变化不是随意的,而是有规律的。汉语还通过虚词表示语法关系。

二、语序的差异

韩国语语序比较灵活，汉语比较固定。在韩国语中，不论怎样改变词语的顺序，都可以完整地表达相同的意思。汉语中改变语序，就会改变句意，如奶牛—牛奶；老李—李老。又如"老王批评老李、老李批评老王"，在老王批评老李中，老王是施事（批评者），老李是受事（被批评者）；在老李批评老王中，老李是施事（批评者），老王是受事（被批评者）。语序变了，施受关系就完全改变了，所表达的意思也随着改变。这就说明汉语的语序比较固定，如果语序改变了，就很可能会影响到句意。

三、词汇词和语法词之间关系的差异

在韩国语中，词汇词和句法词是不同的，汉语中则是相同的。如"弟弟吃饭"，在韩国语中，单独使用词汇词一般不能明确地表达意思，需要在词汇词上添加助词或词尾，使其成为句法词，以此表达完整准确的意思。例子中，"弟弟""吃""饭"既是词汇词，又是句法词，汉语中词汇词和句法词是相同的。

四、句子成分和词类之间关系的差异

韩国语中，句子成分和词类有一定的对应关系，汉语中则没有。韩国语中句子成分和词类有一定的对应关系。按意义标准，韩国语词类可以分为名词、代词、数词、助词、动词、形容词、冠形词、副词和叹词。按功能可以划分为体词（名词、代词、数词）、谓词（动词、形容词）、修饰词（冠形词、副词）、独立词（叹词）和关系词（助词）。

通常而言，体词主要与助词结合共同做句子的主体成分，根据用法的不同，可以做句子的各种成分，可以受定语的修饰。谓词主要包括动词和形容词，主要充当句子中的谓语成分，不能与定语结合使用，但可以被状语修饰。修饰词包括冠形词和副词，在句子中做附属成分，主要充当定语。独立词只包括叹词，所做的句子成分永远都是独立成分。何种词语在句子中充当何种成分都是比较固定的。

汉语中句子成分和词类没有对应关系。汉语词语的词性往往要根据语境、上下文进行分析、归类，从而确定其属性及在句子中充当的成分。汉语中名词、动词、形容词的语法功能是相互交错的。一方面，一类词往往充当几种句法成分，但每种成分并不是本类中所有的词都能充当的，缺乏普遍性。另一方面，一种成分往往不是某一类次所专有的，缺乏排他性。如"白"在"今天又白跑了一趟""他穿了件白衬衫""他的脸一下子就白了"三个句子中，词性各不相同，分别是副词、形容词和动词，根据词性的不同，所充当的句子成分各不相同，分别做状语、定语和谓语。综上所述，我们了解了韩国语和汉语语法特征的区别，可以在韩国语学习中灵活应用，以便使韩国语学习达到更好的效果。

第二章 外语教学的组织与评估

第一节 外语教学的大纲与课程内容设计

一、外语教学大纲的内容设计

要明确外语教学目标，就要对这些目标进行转化。将教学目标应用到实际教学中，选择外语教学的形式、内容、方法等，这就是所谓的大纲制定。大纲制定就是确定教学内容，并以此作为设计各种课程的依据。大纲制定者的主要工作就是选择教学内容，并将其分为不同的级别。

一个完整的外语教学大纲主要包含八个要点：①使用外语的情境与话题；②学生将要参加的语言活动；③学生将要运用的语言功能；④学生针对某一话题的应对方法；⑤学生能够处理的一般意念；⑥学生能够处理的特定意念；⑦学生将要使用的语言形式；⑧学生运用语言的熟练程度。

根据大纲描述的侧重点，可以将教学大纲分为产品式大纲和过程式大纲。产品式大纲着重教学的最终状态，常常是一份某些语言项目和技能的清单；而过程式大纲着重达到某一目的的一系列行动，如学生为了掌握某些语言项目和技能所进行的操练。产品式大纲重点在学生所获得的知识和技能上，而过程式大纲重点放在学习和教学的过程上。由此可知，传统的语法教学大纲，以及20

世纪七八十年代兴起的"功能—意念"大纲都是产品式大纲，因为这两种大纲非常重视学习结果。大纲中主要列举了语法知识和功能意念两方面的内容，没有关于怎样达到目标状态的内容。反之，近年来出现的任务型大纲和程序型大纲将大纲的任务向学习任务和教学程序上转变，它们都是过程式大纲。

产品式大纲可分为综合型和分析型两种。综合型语言教学将语言的各个组成部分分成不同阶段教给学生，使教学过程呈逐渐积累的趋势，最终使语言的整个结构被完全掌握。分析型教学大纲主要为学生提供难度不同的语言片段。大纲设计的出发点是使用语言的目的。传统的语法大纲属于综合型大纲，"功能—意念"大纲属于分析型大纲。以下对这两种不同类型的大纲进行详细分析。

语法大纲的特点是按照语法概念的难易程度选择教学内容，并对教学内容进行分级，这实际上也是它受到应用语言学家批评的重要原因之一。因为后来人们发现，学生学习语法时遇到的困难与语法本身的复杂性并不成正相关关系，虽然语法较复杂，但学起来不一定很难。

典型的语法大纲严格按照循序渐进的原则编排教学内容。与之相关的语言学理论假设为，一套有限的规则可以组成各种不同的语言，且能产生各种不同的意义；另一种心理学理论假设为，人们可以通过自己的努力来学习这些语言规则，并将其记忆在脑海中；还有一个假设为，学生只要掌握了某一种语言的形式特征，他们就能在不同的交际场合应用其所掌握的语言。

然而，实践过程并没有人们假设的顺利，上述语法教学的理论基础并不适用于实际的语言交际，它与语言的实际使用情况相矛盾。在实际的语言交际过程中，语法项目并不容易辨别，因为不同的语法项目像锁链一样互相交织在一起。近年来的第二语言习得研究结果也表明，语法项目并不是逐个被学生习得的。按照语法教学大纲的要求，应该对学生的输入和输出进行严格控制，同时又要使语言样本与课堂外的语言现实相符合，这就给语言教师、教材编者们带来了困难，他们必须在以下三种办法中做出选择：①大纲不做结构分级；②大纲做结构分级，但只作为教学的重点，不作为选择语言素材的依据，语言素材为自然语料；③注意力集中在学生需要用语言做什么（即学习任务），而不是语言本身，也就是不对语言结构进行分级，而对语言交际任务进行分级。最后一种选择实际上已经受到了交际法教学理论的影响。

对语法大纲的批评，概括起来包括：①以语法为主线的教学方法，很难反映复杂的语言现象本质；②语法形式与功能并不一一对应，一种语言形式常常具有各种不同的功能，抑或是可以采用各种不同的语言形式来表达相同的语言功能；③学生掌握外语结构有内在的顺序。需要注意的是，学生的母语背景如何，他们获得部分语法项目有相对固定的顺序，正式的课堂教学对此影响较小。

如果第三种批评者的观点是对的，那么大纲制定者只有两种选择：一是根据自然习得顺序编排语法项目，制定教学大纲。但困难是大纲的制定不可能等待具体的习得顺序研究成果的出现，况且这种习得顺序理论本身还未被大多数人所接受。二是不必对语言结构做任何组织或分级，因为学生只要接触语言材料就能自动习得，因而大纲制定是没有意义的，这种观点显然是片面的。

一部分人站在语言功能与意念的角度来思考如何编写外语教学大纲，但是功能—意念大纲也有其局限性。功能—意念大纲对学习项目的选择已不再以语言因素为依据，而是以学生的交际目的为依据。相比于语法项目的分级，功能和意念项目的分级则显得更加困难，如针对"请求"与"道歉"，很难选择出哪个更简单、哪个更容易，把语境、上下文和语言外因素引进材料的分级也使情况变得更为复杂。

与语法大纲相同的是，功能—意念大纲也强调终端产品。开始人们并没有意识到这一方面，后来人们便发现两者具有某种相同的特点。因为人们对语言本质的认识与语法功能对语言材料的分级并不相符，所以语言学才将教学过程作为教学的重点，制定了任务型与程序型的教学大纲。在实际应用过程中，两者虽然存在很大区别，但是基本原则非常相似。

无论是程序型大纲还是任务型大纲，都是将学习任务作为重点内容，而不是将词汇或者语法知识作为重点内容。例如，可以组织一些交际活动，让参与活动的学生使用外语进行交流，在活动过程中让学生使用电话获取相关信息，并根据组织者发出的相关指令执行某些任务，或者根据口头指令制作物品、绘制图片等。人们普遍认为这种方法能够帮助学生快速掌握外语，因为它具有明确的学习目的，能为学生提供大量学习外语与使用外语的机会。

对任务型大纲或程序型大纲的批评主要集中在两个方面：①所选的题目或任务没有切实可行的标准或依据；②不能证明学生参与的活动对学习有什么重要的影响。换言之，以过程为焦点的大纲或教学法在过程与结果的结合问题上做得不够。

通过充分考虑我国外语教学的传统与特点，吸收国外最新的外语教学理论，进而制定了这份外语教学大纲，由此可见，这份教学大纲不仅具有一定的科学性，还具有一定的实践意义。

二、外语教学课程的内容设计

课程设计主要是对语言学习的过程、性质、目的、评估、教师所起的作用等进行阐述，而教学是对教师与学生课堂表现的描述与记录。假如要对课程设计进行修改，可以将这些描述和记录作为一种重要的参考依据。课程设计的主要内容包括：教育计划、教育实施、教育管理、教育评估以及行政管理等。而大纲的制定主要集中在教学内容的选择与分级上。

（一）课程设计的内容

课程设计涉及的主要内容包括以下四方面。

第一，课程计划，即决策方面：分析学生的需求与目的；确定教学目标与教学目的；对教学内容进行分级和选择；对学生进行分班；选择合适的学习材料；选择学习任务与评估方式。

第二，实施：通过对课堂教学过程的观察，了解课程计划的执行状况。

第三，评估：了解学生的最终成绩，找出失误原因，提出改进意见。

第四，管理：查看教学资源是否得到有效利用。

（二）课程设计的阶段

外语课程设计实际上就是对外语教学的整个过程进行计划，并干预其实施过程，监督其实施情况。

课程设计主要包括以下阶段：

第一，了解事实阶段，也就是调查各种社会因素，包括调查社会对外语的需求、外语学习的语言背景、社会与个人对外语的态度、社会上语言的使用状况以及国家的政治、民族环境。外语教学环境可通过调查结果来确定，如学生的情况、外语课程的重要性、学校的师资状况、外语课程的实施地点和实施方法等。

第二，确定课程和大纲设计的理论和实践依据。课程设计者在分析社会和个人需求后，制定切实可行的教学目标。

第三，将教学目标转化为教学计划，确定教学内容、教学目的，制定外语教学大纲。

第四，准备教学材料，编写教材。

（三）课程设计的步骤

第一，确定培训需求。需求分析的第一步是看哪些职业需要培训；要接受培训的人数数量；为何要培训；培训的时间有多长；培训的重点是怎样的；最后看是短期需求还是长期需求。

第二，将公司职员需要接受培训的方面与公司的需求进行对比，找出真正的需求。

第三，对受训者的职业特点进行分析，了解其工作性质、工作所需的知识、工作内容与已经掌握的工作技能等，这类分析可以分为任务分析和错误分析两种。任务分析主要是对工作内容和工作过程进行分析；错误分析主要是针对工作中的失误进行全面分析。

第四，确定和选择受训者。

第五，确定培养目标。

第六，大纲设计，对教学的内容、材料、教学材料、评估办法等做出选择。

第七，选择、设计教学材料，其中包含教学内容和教学过程两个方面。

第八，确定教育策略。

第九，测试课程的有效性。

第十，向有关部门提供反馈。

我国对外语人才的需求量较大，需求方式呈现多面性与多层次性，目前，我国还没有相关人才对此进行过完整性与系统性的调查。在我国，不同级别、不同类型的学校基本上都开设了外语课，社会上也成立了各种形式的外语培训机构。但是，这些外语培训课往往都没有明确的教学目标和教学方法，脱离了社会的实际需求。所以，我们不仅要大力宣传、普及课程设计和大纲制定方面的内容，还要着手做好这方面的工作，设计出一套符合中国外语教学现状的、完善的、有深度的外语教育课程设计审查制度，逐渐摒弃教学目的和教学要求不明确的外语课程。

第二节 外语教学中教材内容编写与选用

外语教材是影响学生学习和其认知结构的重要外部因素，一本好的外语教材对外语教学起助推作用。如何编写高质量的外语教材是外语教学者面临的重要课题之一。

要确保一份质量较高的教学大纲能够得到有效实施，缺少不了一支高素质的教师团队以及一套质量较高的教材。

一、外语教学中教材内容的编写

教材的编写需要结合一定的教学目标。语言材料的选择需要与不同的教学目标结合,而材料的编排方式、编排顺序则需要与学生的学习方式、学习特征结合,从而达到控制教学材料的编排方式与编排顺序的目的。教材中词汇、课文、语音、语法、交际目标、交际范畴、作业、言语行为、注解等的安排是否恰当,对学生的学习兴趣、学习质量以及学习动机等都具有重要的影响。

就外语教学的特点而言,无论编写哪种教材,都需要遵循上文提到的文化、系统、认知、情感、交际这五项原则。根据文化原则的要求,在编写外语材料时,最好选择能够代表目的语主流文化的不同风格与不同题材的段落或文章;从系统原则的角度而言,所有与语言有关的教材,在编写过程中都需要系统地介绍目的语的语法、语音、词汇等知识;根据认知原则,在设计语言材料编排与练习的过程中,需要考虑到语言学习的一般规律以及人的记忆特点;根据交际原则,在语言材料选择和练习的过程中,需要体现出具体可操作性与实践性。

如果从具体的实践角度考虑,外语教材的编写还需要遵循以下原则:

第一,趣味性原则。语言材料在编写过程中要体现一定的趣味性,便于学生在轻松愉快的气氛中获得知识。

第二,循序渐进原则。语言材料的选择和练习的编排要遵循从易到难、从旧到新、从简单到复杂的原则。

第三,实用性原则。教材的编写要与培养目标密切配合,适应社会和使用者的需求。

第四,多样性原则。语言材料要选择不同题材、体裁和语域的文章。

第五,现代性原则。语言材料要尽量贴近现实生活,让学生学习现代语言。

第六,真实性原则。所选材料的语言要真实地道,能反映目的语社团的真实语言使用情况。

二、外语教学中教材内容的选用

（一）符合教学内容

第一，描述语言的理论基础是怎样的；是否以语篇为基础；是功能意念，还是结构主义；是否是几种理论的综合。

第二，涉及的语言点有哪些。

第三，听、说、读、写等技能训练部分的比重分别是多少；是否有综合技能的训练。

第四，需要培养的微技能有哪些。

第五，课文的体裁包括哪些类型。

第六，课文的题材范围如何；课文主题是如何处理的。

第七，教学内容如何编排，是按语言点/语言技能编排，还是按题材编排。

第八，教材中每个单元是如何安排的；是否按固定的模式（如听、说、读、写等顺序）安排；有没有突出其中某一种技能。

第九，教材内容的先后次序按哪些原则编排，是线性式还是螺旋式，还是其他什么方式。

第十，各单元的编排是否有一定的原则指导。

（二）顺应教学方法

第一，外语学习的心理过程以怎样的理论为基础；是否是行为主义；是否注意到学生的性格、态度动机等情感因素对外语学习的影响。

第二，在学生对学习外语的态度和期望中，有哪些值得注意的地方。

第三，需要哪些类型的练习或任务。例如，是注重意义的任务，还是注重形式或技能的练习；是灵活运用，还是语言形式或技能的训练；是语言运用，还是语言理解；是否需要指导，答案的数量设置了几个，是表演、做游戏、模拟活动，还是角色扮演；是自学、小组活动、个别活动，还是全班活动。

第四，所用的课堂技巧有哪些。例如，是小组活动、结对子活动、发言活动、环环相扣的活动，还是其他活动。

第五，所需的教学辅助工具有哪些。

第六，教学所需的配套材料和辅导材料有哪些。例如，是否有教学法指导；是否有技能表、词汇表、教学要求；是否需要专业或语言方面的参考资料；是否设置了课后测试题。

第七，使用教材是否具有灵活性。例如，可否与别的教材配合使用；是否能将各单元中各部分的次序打乱；可否不按单元次序进行教学。

（三）适应教材评估

第一，页数。

第二，插图数。

第三，字号。

第四，编排方式。

第五，内容的页数。

第六，结构清单。

第七，词表。

第八，有关其他书籍、材料和磁带的出版情况——经常可在内封面上找到。

第九，编写者对教学项目的主题是怎样安排的，是否恰当安排了该项目的顺序，又是否对其进行了突出显示。

第十，在处理容易与其他项目混淆的项目时，是怎样对其进行区分的。

第十一，语境是否为自然化或者情境化。

第十二，将散文课文与对话相比较；涉及的生词有多少；生词与所用词总量相比，所占的比例是多少；新词在某一语段中出现的次数是多少。

第十三，查看是否有语段含一定难度的语音组合；怎样安排语音训练；是否有标音方法。

第十四，课文和对话的语言是否地道；怎样安排听、说、读、写这四种语言技能。

第十五，练习是否做了控制；编写者是否编写了简答题、多项选择题、填空练习；答案具体设置在哪一页。

第十六，学生采用的学习法是演绎式学习法还是概括式学习法。

第十七，话题和故事是否合适且具有一定的趣味性；书中的主题是否能扩展，是否能引申。

第十八，是否有插图，插图是否与教材内容有紧密联系；插图的数量是多还是少；插图是大是小；人们能否轻易看懂图上的内容；插图的画技怎样。

第十九，是否配备了录音磁带，如果有，给学生留的反应时间是否充足；声音是否容易区别；练习是否做了控制；录音采用的是哪个国家的语言；声音质量怎样。

第二十，整个课程总共需要几本书；书本的尺寸是多少；是否便于使用；书本纸张的质量怎样；封面设计是否美观；学生用书、辅导书、教师用书的价钱分别是多少。

近年来，人们对教材有了全新的认识。教材不仅包括书面材料，还包括视频教学材料、网络教学资源等。教材已不局限于课堂使用的材料，还包括各种用于课外学习的材料。所以，教材已不单是传统的、纸质的材料，而是过渡到包括各种媒介的、立体的、全方位的语言学习资源。

第三节　外语教学中教育者的具体培养

一、外语教学中教育者的素质

（一）职业道德素质

1.职业道德的重要意义

教育不仅对文明发展和传承有重要意义，还对社会和个人的存在与发展起着关键性的作用。一个社会得以形成，依赖于社会成员愿意且能够遵守社会规范，而这又要求通过教育的过程把社会的价值和规则传递给社会成员。人之为人是由后天的教育活动决定的，所以古代中国人把教育称为"教化"。教化包含两个部分，即教和化。教只是表面上的知识传递，化是把所教内容内化为自己的一部分。每个人由一个生物意义上的人成为一个社会的文明人，都是在教育的帮助下实现的。教师是完成教育使命的执行者、推动者和创造者，外语教师的个人素质直接影响到教育使命的完成情况。外语教师的个人素质包括能力、个性、品味、思想观念等，其中最为关键的是教师的道德水平和价值立场。

外语教师道德水平的高低直接影响教育效果，所以师德是评价教师是能达到其职业要求的根本标准，是决定一个学生在校环境的根本因素，是决定教育活动达到预期效果的内在动力。

（1）师德是外语教师立身之本

师德是教师从事教育工作的道德前提和价值要求。相较于社会其他职业，教师的工作具有独特性，工作范围既清晰又模糊，工作任务既明确又广泛，工作成效既及时又长远，这是因为教师所承担的任务是为社会培养人才。教师培养人不仅是让学生掌握某种知识或某方面的技能，也是要将学生培养成担当民族复兴大任的时代新人，这必然要求学生包含全方位的素质和能力，其最主要的是道德素质。如果培养的人在遵守社会规范和道德要求上有缺陷，那么非但不能令其成为社会的建设者，反而有可能成为社会的破坏者。这也就要求外语教师本人的道德水平是较高的，道德立场是正确的，道德情感是饱满的，道德动力是充足的，道德意志是坚定的。

师德是外语教师工作的动力源泉。外语教师所承担的工作事项繁杂，包括上课讲学、日常管理、关爱学生等，外语教师面对的每一项工作都千头万绪。更为关键的是，完成工作要求教师不仅有工作能力，还要有积极的态度和充足的热情，否则就会影响工作的效果和工作的动力。而这当然要求教师具有较高的师德水平，应持之以恒地完成好各项工作。

师德是教师身份认同的内在因素。外语教师虽然属于社会各职业中的一种，但是教师和其他职业相比具有自身的职业特色和道德要求。相比其他职业，教师在社会大众的印象中往往具有正面形象，这一正面形象不仅是因为教师的工作成就，更因为教师在为社会和国家培养人才过程中所展现的奉献精神和形成的道德榜样，由此使得社会公众对教师的道德要求相对更高一些。如果教师自身未对其社会形象有充分的理解和认同，就会形成道德压力。如果教师从师德角度来理解教师职业的特殊性和其社会地位的形成机制，就会认同教师的这一社会形象，把社会对自己的期待和要求变成自己的期待和要求。

（2）师德是学生成才之依

师德是学生在学习、成长、成才过程中不发生方向偏差、不遭遇身心伤害、不出现学无所成情况的重要保障。教师在很大程度上影响了学生的学习范围、程度和方向。学生作为知识的接受者，对于教师传递的知识、观念和价值往往缺乏辨别力，年龄越小越容易受教师影响，这并不是学生的能力和态度问题，而是因为学生所学内容还缺乏社会实践的检验或其他知识的比较。

如果教师的师德存在瑕疵或有问题，如态度不端正、不愿吸取新知识等，必然会直接影响学生的学习效果，甚至影响学生的"三观"和理想信念。教师个人的道德品质与学生的成长直接相关，不同的教师对于培养何种学生、培养学生的何种素质以及为谁培养学生的答案是不一样的。因此，学生的成才之路需要有高尚师德的教师来引领，使学生朝着更加正确、有效和光明的方向进步。

（3）师德是教育向善之基

教育的使命之一就是培养更好融入社会共同体的成员。简单而言，教育的内容就是传递知识和价值，在两者之间价值更为根本，因为价值是人类生存活动的依据和目的，人类追求知识的本质是为了追求价值，所以教育在求真、向善和爱美之中，最为根本的是向善。在古今中外的教育发展史中，教育的向善维度也是教育思想家们最为重视的，如孔子、柏拉图、亚里士多德、洛克、卢梭、夸美纽斯、蔡元培、陶行知、杜威等都非常重视教育的向善价值。只有通过教育的把学生引向向善的方向，才能在学生的心中播下善的种子，学生日后在面对是非对错、善恶美的选择时才能坚持正确的道路。

2.职业道德的主要特征

教师的职业道德是教师在教育劳动中应当遵循的道德规范及应当具有的道德观念与道德品质，最根本应该做到献身教育、教书育人。教师要热爱学生，热爱教育事业；要以身作则，为人师表；要严谨治学，有团结精神和创新精神。当前，外语教师的职业道德主要具有以下特征：

（1）先进性特征

先进性是外语教师职业道德的一大特点。教师在教学方法的设计中，需要充分分析学生的特点，有针对性地设计教学方案，这不仅要求外语教师具备过硬的专业知识与技能，还要具备细致入微的观察能力。针对课程内容选择适当的教具，培养学生的语言能力，以启发式教学的形式调动学生的兴趣，吸引学生的注意力。形成教师为主导、学生为主体的教学氛围，建立健康的师生关系，从而让学生在和谐、愉快的学习氛围中生活与学习。

（2）示范性特征

外语教师本身的人格、道德修养就是一种教育力量，教师的言行举止和思想道德观念对学生、对社会都有示范作用，学生必然耳濡目染。无论是外语教师个人的道德品质，还是教师的集体风貌，都具有独特的示范性。教师要对学生的学习和成长起到示范作用，成为学生做人的引路者。高校学生，处于人生中的关键期，教师要更加重视自己的言行举止，以便给学生留下更加正面、积极向上的影响，使其自觉学习那些好的行为举止和处事方式，从而为学生今后的发展打下良好的基础。

（3）深远性特征

如果一位外语教师拥有崇高的职业道德理想，散发着令人尊敬的人格魅力，那么他将成为强有力的教育力量和榜样，对学生的成长将产生深远的影响。就影响广度而言，教师道德不仅影响在校学生，还会通过学生影响到学生的家庭，并通过家庭延伸到周围社区甚至整个社会。从影响深度而言，外语教学不仅作用于学生的感官，还深入学生的心灵，影响并塑造学生的品质；外语教师不仅会影响学生在校时期的成长，还会影响他的一生，进而影响到整个社会的发展。

（4）自觉性特征

教师以个体的脑力劳动作为主要的劳动方式，这一劳动方式具有独立性、灵活性和自主性的特点。外语教师的许多工作，如精心备课、认真批改作业、平等友爱地尊重并教育学生、真诚有效地与家长沟通等，都是在无人监督的情况下进行的活动，需要教师自觉地完成。此外，教师对学生的影响并不局限在课堂和学校，在任何时间、任何地点，教师都会自觉或不自觉地对学生产生影响，这种劳动时间和劳动空间的灵活性，要求教师在遵守职业道德方面具有高度的自觉性。总而言之，师德的高度自觉性对学生成长的影响至关重要。

3.职业道德的修养要求

（1）坚定的师德信念

外语教师需要具备广博的知识、专业的技能和认真的态度。外语教师如果没有精湛的教学业务知识、高超的科研教学能力、开放的胸怀视野与乐学善学的工作态度，就难以获得学生的认可与尊重，工作任务乃至于教育目标也都难以有效达成。因此，外语教师在工作中必须秉承精益求精的教学理念。外语教师应主动把学校的外语课程教育、专业学习、线上及线下学习有机结合起来，进行全过程、全方位育人；加强与广大学生的有效沟通，了解广大学生的思想动态，通过自己的文化修养和良好的言行举止来教育和影响学生，在潜移默化中培养高校学生的学习精神、学术素质及职业道德；努力提高授课能力，坚持以教学需求为导向，转变教学观念，创新我国教育的新观念、新技术、新手段和新方法；树立素质教育意识，加强课程教学管理、制定科学的课程目标和考试要求，提高高校课堂教学效果，提升人才培养质量。

（2）正确的师德认识

师德一般是指教师的职业道德。外语教师在开展义务教育课堂建设和教学理念实践的过程中，内化师德道德规范，深化师德情感，锻炼师德意志，通过实践认识及再实践的过程，逐步加强对师德的认识。外语教师要向学生传授有关科学与文化方面的知识，使其熟练掌握各个学科的知识；通过言传身教帮助学生树立正确的人生观，提高学生的个人修养。想要实现以上的教育目标，就必须按照师德师风规范来践行教师自己的道德准则和行为规范。

（二）网络信息素质

1.外语教师应具备的信息意识

信息意识是信息敏感程度，即能否看到信息，了解其背后的内涵，发现其与我们生活、教学中的关联点，并且持续对其保持关注。简单而言，信息意识就是当我们面对不懂的东西、面对我们日常生活中需要解决的问题时，能积极主动地寻找答案，并且知道用怎样的方法、在哪里可以获得我们想要的内容。当处于被动接收状态时，我们缺乏对信息的内在需求，只能一味地、本能地接收信息，对信息并没有进行积极的、主动的处理和加工，这样使得人们对信息的处理效率降低，也难以从已有信息中提炼出新的观点和有价值的内容；而处于自觉活跃状态时，人们对信息会非常敏感，对信息的内涵挖掘也会很深入，当面对一些需要解决的问题时，也能积极主动地去寻找信息以获取自己所需要的知识。信息流的不同意识形态使我们有不同的行为，但是信息意识也不是静态的。当意识到自己的信息意识处于被动接收状态时，也可以通过有意注意等后期调整来改变和提升自己的信息意识。

（1）信息意识的内容

第一，能够认识到信息在信息时代的重要作用。随着时代的发展，许多新兴的概念和信息正在快速地发展。外语教师要在这样的背景中意识到这些信息和概念，在当今这样一个信息时代是具有非常重要的作用的。外语教师在新媒体时代要时时持有终身学习、勇于创新、尊重知识、注重版权的观念。

第二，对信息有积极的内在需求。每个人在不同的情境下处于不同的角色中，都有着不同的信息需求。外语教师需要寻求相关知识内容的信息，在对学生进行心理辅导时，需要学生心理发展和调节的相关信息。

第三，对信息的敏感性和洞察力。外语教师要能迅速地发现信息背后的含义，有效地掌握最具有价值的信息；善于从微不足道、毫无价值的信息中发现信息的隐藏含义和价值；善于辨别信息的真实性和可靠性，以判断自己是否可以使用；善于将信息中所表述的内容与自己的实际生活、教学迅速联系起来；善于从各类信息中找出解决问题的关键信息。

（2）加强外语教师信息意识的建议

第一，新媒体时代，外语教师可以在日常生活中有意识地接触不同领域的信息，以增强自己对不同信息的接收力和敏感性。对不同领域信息的捕捉和分析，可以帮助外语教师快速地掌握信息。

第二，外语教师还可以通过记录自己对信息的分析和想法，不断拓展自己对信息的联想力。外语教师可以通过对信息的发散性分析，认识到信息的重要性，提升信息敏感度，增强信息意识。当看到一个信息时，不能只感性地看到事件中传递出的人文信息，还要评判信息的好坏，同时要结合理性的思维去思考：为何会发生这样的事情；这样的事情代表了社会中的哪些现象；这个未来走向是怎样的；等等。

第三，外语教师要结合感性知觉和理性思考深度辩证地看待信息，并且联系到自己，想想对自身的意义和价值是怎样的。

2.外语教师对信息技术工具的运用

（1）新媒体时代中信息技术的优势

第一，新媒体时代，技术的介入使原本枯燥抽象的知识"活"了起来，文字、图片、动画、视频、声音、虚拟环境等其中一种形式或几种形式的组合，让知识拥有了更多的表现形式。这些丰富的信息表现调动了学生视觉、听觉、嗅觉、触觉等多种感官，有利于吸引学生的注意力。

第二，随着教育研究工作的深入，人们对教育的认识逐渐趋于理性化。在一次次的课程改革、教学大纲改革中，人们开始意识到以往"教师讲，学生听""黑板＋粉笔"的常规教学方式已经不能满足学生的学习需求，需要增强课堂的生活性、情境性和趣味性。这时，技术就发挥出了自身的优势，为外语教师提供了新思路。

第三，有利于学生对学习数据的精准分析。学生在学习外语的过程中会产生一定的数据，如各阶段考试成绩、每日作业完成情况、学生学习活动记录等。新媒体时代，技术的优势在于能够处理人工无法完成的海量数据，实现高效的数据采集、结构化的存储及精准客观的分析。在现代化教学工作中，技术工具的使用使个性化、精准化教学得以实现，外语教师借助数据分析工具中强大的信息管理资源库为每一名学生建立学习成长档案袋，记录学生学习过程中的点点滴滴。

第四，增强课堂师生互动。师生互动是课堂教学的重要组成部分，良好的师生互动有助于增强课堂的学习氛围。新媒体时代，技术工具的介入为外语教师开展师生互动提供了新方式。

（2）外语教师运用信息技术工具

第一，信息呈现工具。信息呈现方式有很多，除了常见的文字，还有视频、动画、照片、模型图、真实模型等，信息呈现工具是教师教学工作中的得力助手，它们将原本繁杂、无序的信息内容变得形象化，具有条理性。

第二，知识建构工具。学生在知识建构的过程中不仅需要持有"对某一事件的观点、看法"并配合一些"手段的使用"，还需要与学习伙伴进行交流学习。外语教师可以借助微信、腾讯QQ等社交聊天工具，石墨文档、腾讯文档等协同编辑工具，以及语雀、熟客平台等在线协作学习平台，为学生提供更加便捷的服务。

第三，数据分析工具。学生在学习过程中产生的数据尤为重要，它反映学生的学习状态、学习投入程度、学习进度、学习效果等内容。运用数据分析工具对外语教师而言就变得非常重要。这种数据分析工具可以根据学生参与教学活动产生的行为数据及学习结果数据，为每一名学生自动生成可视化的学习报告，供教师了解学生的近期学习状况，帮助教师更好地实现精准教学。

第四，分享交流工具。在线下的外语课堂中，教师可以借助——PPT、希沃交互式电子白板等设备及面对面的交流讨论实现分享。在线上虚拟外语教学环境中，外语教师则可以通过钉钉、企业微信等软件中的视频会议、屏幕共享、头脑风暴等功能，或者使用微信、QQ 等社交软件开展交流讨论，使异地分享成为可能。

3.外语教师的信息技术教学创新

（1）教学创新的前提

第一，不能缺少社会化学习。无论现在市面上成熟的社交软件（如微信、腾讯 QQ、钉钉），还是学校为学生配备的平板电脑或台式电脑等电子设备，都是为了让外语教学朝着更加智能化的方向发展。但值得注意的一点是，社会化教学并不应被智能化教学所替代，两者的关系应该是共生的。在高校外语教学工作中，外语教师借助同步协作工具开展社会化学习活动，学生与同伴一起处理、编辑文档，大家就具体问题展开思考，分享彼此的观点；或者，外语教师通过安排小组讨论、翻转课堂、头脑风暴等活动让学生进行社会化学习。

第二，确保学习真实有效。在现实生活中学习才是最好的学习方式。外语教师在教学过程中要帮助学生找到外语知识和日常生活之间的桥梁，让学习变得真实有效。

第三，确保技术可以增值。如果加入技术能够使学习过程变得轻松容易，而去除技术会导致学习无法完成或者学习效率低下，那么就体现了技术的增值特性。例如，外语教师在梳理外语课程脉络结构时，可以借助思维导图、流程图等工具手段，对外语教学内容的层级结构、时间脉络进行归纳整理。这样的形式不仅清晰明了，而且内容完整，不会出现信息缺失的现象。

（2）教师的信息技术教学的创新方式

第一，情境学习：让学生置身其中。近年来，随着科技的进步，越来越多的新式工具进入人们的视野，虚拟现实技术、增强现实技术、混合现实技术也逐渐融合到教育领域中，以增强教育的情境性。

第二，基于网络的项目式学习：让学生成为学习的主人。项目式学习旨在通过教师的引导，帮助学生以小组为单位开展基于开放性现实问题的探究活动，而技术的介入为项目式学习活动的开展提供了极大的帮助。项目式学习要求学生在学习过程中独立思考，主动探索新知识。身处新媒体时代的我们，获取知识十分简单，打开浏览器"百度一下"，就能找到想要了解的信息。因此，外语教师在开展外语教学工作时，可以让学生自己去查阅资料。学生在信息检索的过程中不仅学到了知识，还学到了怎样用知识、为何要用知识。此外，项目式学习还强调培养学生的信息素养、团队协作能力和沟通能力。身处大量数据中的学生在检索查阅信息的过程中，避免不了要对信息的真伪性进行甄别，从中提取对学习有用的信息，也避免不了与其他人交流互动及分享展示等一系列活动。在这个过程中，学生的能力会得到锻炼与提升。

第三，翻转课堂：让学生成为自定步调的学习者。美国科罗拉多州的林地公园高中最先刮起"翻转课堂"之风，翻转课堂的实质在于增加学生和教师的互动与个性化沟通，学生进行自主学习，教师是学生身边的导师并对学生提出的问题给予指导和建议。在外语课程的翻转课堂教学中，所有的学生都能参与其中，所有的学生都能获得个性化教育。翻转课堂的出现无疑为教学工作开启了新的大门，学生成为自定步调的学习者，实现自主化、个性化学习。另外，技术工具的发展也为翻转课堂提供了强有力的支持。

第四，泛在学习：让学习随时随地发生。在信息获取如此便捷的新媒体时代，学生可以利用身边的手机、平板电脑、笔记本电脑甚至家里的网络电视进行任何时间、任何场所的 4A（Anyone, Anytime, Anywhere, Anydevice）学习，而这种不受时间、地点、学习方式约束的"4A 学习"就是泛在学习。

二、外语教学中教育者的培训

不同层次的外语教师应具备的基本素质是相同的，主要区别在于对相关专业知识深度和广度方面的要求有所不同。外语师资的培养主要是培养具有高度的社会责任感，丰富的专业知识、教学法知识、教育心理学知识，高尚的人格修养和高超知识运用能力的外语教师。

要实现这一目标，需要在社会上树立一种尊师重教的社会风气；担任培训外语教师的各大院校应重视培养外语教师的基本素质，优化学校的课程结构，合理分配教学资源，使用最小的投入获取最大的收益；教育管理部门应对外语教学工作的特殊性有充分的认识，并制定出与之相关的政策措施。

根据上述对外语教师基本素质的描述，外语师范教育与外语教师在职进修的课程设置应围绕三方面进行，具体如下：

（一）教育心理学理论与教学实践

外语教师应该具备基本的教育心理学知识，了解课堂教学的一般性原则和学生的心理特点，同时外语教师应该研习本学科各种教学流派的形成和特点，掌握外语教学中基本的教学原则和方法。相应的课程可以有"教育心理学""外语教学法""外语教学实践"，其中"外语教学实践"可通过观摩教学或教学实习来进行。

（二）语言学理论与外语学习理论

外语教师需要具备一些重要的语言学理论知识，应该了解最新的语言学理论发展趋势、语言分析方法、语言的本质特征，并学习与之相适应的课程，如"语言学基础理论"或者"语言学概论"等。外语教师则有必要了解外语学习过程的特殊性及相关的语言学习理论，相应的课程可以是"外语学习理论简介"等课程。

（三）外语理论与实践

在任何一种情况下，都需要重视培养外语教师听、说、读、写、译的能力，外语教师也要时刻提醒自己不断提升和完善外语实践能力，同时，外语教师要重视学习与外语有关的理论知识，其中包括语用、语音、词汇和语法等知识。总而言之，外语教师要对外语知识有深入的了解，做到"知其然"与"知其所以然"。与之相关的外语理论和实践课程分别为音系学、外语听力、外语阅读、词汇学、外语写作、翻译理论与实践、语法学、综合实践等。

在我国，外语师资的培养需要多方面的努力：①教育行政部门应采取一定的行政和指导措施，保证外语师资培训的正常进行，如实行各级师范外语专业毕业生验收制度或统考制度，对毕业生的外语理论与实践能力进行考查，合格者获得证书，不合格者须在规定时间内补考通过，补考依旧不合格者应取消其成为外语教师的资格；②各师范院校之间、师范院校和综合性大学之间应进行横向联合，互通有无，交换师资或教学设备，允许教师跨校兼课等，最大限度地利用现有的教学资源；③加强外语教学理论的研究工作，全面提高外语教师的理论素养和外语教学活动的效率。

第四节　外语教学成果的测试与评估方法

外语测试是外语教学中的一个重要环节。外语测试的一个重要目的就是评估外语教学的质量，了解学生外语学习的情况，以便判定参加测试的学生的外语能力，帮助外语教师对下一阶段的外语教学做出改进。

一、外语教学成果的测试

测试的目的多种多样，有的是为了了解学生学习外语的一般能力，有的是为了评估某一阶段外语教学的效果，有的是为了检测学生一般的外语能力。根据不同的测试目的可以分出不同的测试类型，常见的类型包括以下方面：

（一）潜能测试

潜能测试主要是为了了解考生学习某一专业（这里就是指学习外语）的一般能力。

（二）成绩测试

成绩测试用来考查个别或全体学生在学习外语的某一阶段或最终阶段对外语知识的掌握程度。成绩测试一般与某一外语课程有直接关系。成绩测试应该以该课程的大纲和教材为依据，但缺点是，如果大纲和教材有缺陷，测试就不一定能反映出课程的目标。另外，成绩测试应以课程的总目标为依据，其好处包括：促使大纲的设计能够更加切合实际；测试能比较准确地反映学生的实际水平。但这种做法也存在一定的问题，因为如果不是以所采用的某一大纲和教材作为测试的依据的话，那么教师和学生在平时的教学过程中就会感到无所适从。

（三）诊断性测试

诊断性测试是用于发现学生强项或弱项的测试。测试的主要目的是决定是否需要加强某一方面语言技能的训练。

（四）水平测试

水平测试是一种不以某一课程为依据，也不管学生受过何种训练而对学生的一般语言能力进行考查的测试。许多公共考试都属于这种类型。

（五）结业性测试

结业性测试是一种仪式性的测试，有明确的目的，如其成绩可作为升入高一级语言课程的参考，确定是否授予某一证书等。但大多数结业性测试更注重其形式，因而测试的内容可以是所学课程的成绩测试，也可以是测定一般语言水平的水平测试。从测试的方式、方法角度，我们又可以将各种各样的测试分为直接测试与间接测试两大类。

1.直接测试

直接测试是直接考查学生某一方面的语言能力的测试。例如，我们要了解学生的作文能力，就应该要求学生写出一两篇作文；我们要测试学生的语音语调，就应该要求学生开口讲话。直接测试要求考查的内容尽可能真实，符合实际生活中的真正要求。直接测试的好处是：①测试的目的明确；②对测试结果的评估也比较直接；因测试的内容正是我们所要培养的技能，其正面反拨作用十分显著。

2.间接测试

间接测试是通过测试某一技能所必需的某种能力来发现学生这方面的语言能力。例如，托福考试中有一部分是考查考生的写作能力的，但其题型是语言错误判断这一间接的方式。要求考生在 A、B、C、D、E 中选出错误的一项。又如，通过要求学生判断某对单词是否同韵来测试学生的发音能力。

虽然间接测试为教学提供了一种了解学生各种不同语言能力的可能性，但间接测试也存在一些缺点，如学生测试的结果与实际能力之间的关系并不十分明确和可靠。根据我们目前对测试的认识，就水平测试和成绩测试而言，直接测试要比间接测试效果好。另外，直接测试题目一般比间接测试题目更容易设计，其正面反拨作用也十分有利于外语教学。当然，目前许多测试中间接测试仍占一定的比重。间接测试在诊断性的测试中，如了解学生对某一语法结构的掌握情况时，十分有用。

二、外语教学成果的评估

本节对外语教学成果的评估主要以其信度为例进行分析。测试的信度可以分为两个方面：一是测试本身的信度；二是评卷的信度。测试本身的信度主要与它的内部一致性有关。如果考生在不同的时间参加同一测试而得分截然不同，其可靠性就值得怀疑。

检阅测试本身的信度有两种主要方法：①连续测试法，即让学生在不同时间做同一试题，然后比较其结果，这种方法十分简单，其缺点是时间不易掌握，因为如果两次测试间隔太短，第一次的考试就会影响第二次；如果间隔太长，学生在这期间又可能会遗忘（或学到了新的东西）。②检测某一测试内部一致性的方法是"一分为二"测试法，即将一份测试的内容分为两半，对比考生这两部分的测试结果，这种方法要求两部分的内容（在数量和类型上）几乎相当，这一方法的优点是省时省力，缺点是两部分的比重难以掌握。

如果测试是主观性的，那么评卷的信度就是十分重要的。评卷的信度可分为两个方面：一是同一个评卷人前后评卷标准的一致性；二是不同评卷人所用标准的一致性。如果同一评卷人评卷时前后所持的标准不一致，或不同的评卷人之间使用了不同的评分标准，那么就会在很大程度上削弱测试的可信性。

提高测试信度的办法主要包括：①有足够的考试内容。同一项目的测试最好有几道互相独立的试题，如果测试结果非常重要，测试内容和时间就应相应加长。②限制考生答题的范围。题目如果给予考生过多的自由，就会影响测试的信度。例如，在测试考生写作能力时，如果只是给出几个题目供学生选择，对内容不加规定或限制，其可信度就值得怀疑。③考题要求应十分明确，避免模糊。④保证考卷的印刷质量，考题布局合理。⑤应使用考生熟悉的试题样式与测试要求。⑥应提供统一的、无外部干扰的考试环境。⑦应尽量采用易客观阅卷的考试项目类型。⑧考生之间的比较应尽量采用直接的方式。⑨阅卷答案应十分详细。⑩对阅卷者进行统一培训。⑪阅卷前统一评分标准。⑫考卷应按数字编号，不让阅卷人知道考生的名字。⑬阅卷应尽量采用相互独立、交叉的方法。

第三章　外语教学核心体系的构建

第一节　外语教学的现代理念构建

一、外语教学中的素质教育

（一）外语教学中素质教育的领域

素质作为一种稳定的心理品质和行为习惯最终是可以测量的，但作为教育的目标，其运用却是困难的。任何教育活动的成果都体现为教育对象的初始状态和教育活动结束状态之间所发生的变化。学校的教育目标，最终是要转化为作业目标才能得以执行，在素质和作业目标之间有过多的中间目标，而用外显指标表现素质又有更多失真的假象，这就使得将素质目标转化为作业目标十分困难。也正是如此，素质的作业目标研究进展有限。根据目前的研究成果，素质教育目标应包含以下内容：

1.素质教育的知识领域

素质教育的知识领域在第一层次划分为四个知识群：学科知识、意会知识（经验知识）、能力知识和信息知识。人们通过素质教育达到的素质因素中，全部与知识有关的内容都可以归为这四个知识群。

（1）学科知识

学科知识是整个知识领域的基础，在知识类型上包括关于"是什么"的事实知识和关于"为什么"的原理知识；在知识范围内包括自然科学知识和人文社会科学知识，我们目前课程中的学科知识大部分属于这个范围。素质教育选择的学科知识都是人类知识的核心和精华，是可以在尽可能多的方面及尽可能长的时间里发挥作用，影响人的最大生活领域的知识。学科知识可以明确给出每一个阶段的教育所必须掌握的知识目标，这些学科知识可以转化为具体的作业目标，通过多种教学活动得以实现。学科知识的全部教育成果是可以得到评价和测量的。

（2）意会知识

意会知识可以称为经验知识，主要是关于生活的经验、周围社会背景等方面的基本知识，体现的是人的生活技能和适应社会环境的能力。联合国教科文组织把学会共同生活作为未来教育的目标之一，素质教育的任务之一也是帮助学生学会生活。意会知识主要通过学生的实践活动、人际交往、家庭生活和学校教育获得，意会知识也比较容易转化为教育的作业目标，形成素质教育的课程体系，也是可以在完成一个教育阶段后进行测试和评价的。

（3）能力知识

能力知识主要是创新和探索的知识，包括关于创新知识、判断解决问题的知识、怎样做的知识、解决问题的诀窍与技能。这是我国面向当前素质教育的重要使命。创新是一个民族的核心，素质教育需要把创新作为教育的重点。其实，能力从来就不是一个独立的因素，它是由相关方面的知识组成的，学生的创新和探索能力是可以通过知识表现出来的。在素质教育的目标体系中，设立每一个教育阶段的能力知识目标，主动地实施能力知识教育，是培养创新人才的重要途径。相应的评价体系为能力知识的教育目标提供了保证。

（4）信息知识

信息知识是每个人必须具备的知识，信息知识主要包括获取信息的技术与方法的知识以及关于谁知道和知道如何做某些事的知识。获取信息的技术与方法的知识在我国已经引起重视，体现在计算机教育的普遍开展，有人把它归为技能素质。但我们对另一种信息知识，即关于在哪里可以得到哪些信息的知识的注意是不够的。关于谁知道和知道如何做某些事的知识对学生素质的全面提高具有重要的意义，尤其是接近就业的教育阶段，更需要这些信息的教育。

2.素质教育的情感领域

素质教育的情感领域主要包括心理、思想和品德，对这一领域素质教育目标的设立有较多争议，而评价更是富有挑战性的问题。情感领域作为教育的输出目标，测量比较困难，把输出目标转化为过程目标，把过程和结果结合为教育的目标，并进行测量、评价是必要的。

（1）心理

心理是非智力因素的主要部分，是个体重要的生存能力，是一种发掘情感潜能、运用情感力量影响生活各个层面和人生未来的关键性品质要素。心理方面的素质是素质教育的重要目标，素质教育有必要开设心理保健和心理训练方面的课程。关于情商的理论引起人们对于个人发展相关心理因素的研究，目前的研究成果主要包括五个方面的内容：情绪控制、自我感知、自我激励、认知他人和人际交往。学校教育中的心理教育目标体现在过程和结果两个方面。由于受家庭和生活环境的影响，教育活动的结果目标难以测量和确认，因此这类目标是通过过程检查、控制行为目标和学生心理测试进行评价的。行为目标主要体现在师生交互作用和班级组织管理，这主要是由教师实现的，因此一部分心理方面的目标要通过教师教育行为进行评价。

（2）品德

品德体现在知识和个性品质，因而可以归为知识和心理方面的教育目标，但思想和品德对社会和个人的特殊地位使得有必要把品德作为独立的教育目标进行设计和评价。品德方面的全部目标可以归为三个方面：公民教育、个人与社会、个人与他人。

（3）思想

思想教育的目标体现在三个层次上：知识目标、情感目标、世界观和方法论。

3.素质教育的生活领域

素质教育的生活领域主要包括保健和运动知识、运动技能、良好的生活习惯等。我国传统的体育教育目标主要集中在学生的运动技能上，忽视学生健康素质的提高。素质教育应把保持健康的素质作为重要内容，主要包括以下内容：

（1）保健和运动知识

保健和运动知识是知识教育目标，作为独立领域要避免与知识领域重复，主要通过课程教学的各个环节使学生获得相关知识，通过测验进行目标评价。

（2）运动技能

通过运动教学使学生提高体能的相关指标，掌握各种运动技术和技巧。

（3）生活习惯

生活习惯是一种养成教育，是通过不断重复形成的，主要通过学校规范化的生活程序，养成学生良好的生活习惯，并通过学校社会活动观察和检查实现评价。

（二）外语教学中素质教育的环节

如何在外语教学当中体现素质教育的思想，以弥补传统应试教育的不足，成为广大外语教师比较关心的问题。具体而言，在外语教学中推行素质教育应注意一些环节，即教的环节、学的环节以及管理环节，三者缺一不可。

1.教的环节

教的环节的主体是教师，所以实施素质教育首先要建设一支素质优良的教师队伍。要满足这一条件，对教师在人格、素质以及方法上提出了较高的要求。

（1）人格是前提

人格是教育手段的重要组成部分。教师为了陶冶学生的思想情感、意志和性格，使学生养成良好的行为习惯，需要用自身良好的行为规范和智慧来吸引学生，用健康的心理影响学生，用自己的言行做学生的榜样，由此可以产生强大的吸引力和说服力，达到素质教育的预期效果。

（2）素质是基础

教师应具备以下素质：

第一，具有未来意识和超前的教育创新能力。现阶段培养的人才不仅应满足第一任职需要，更重要的是着眼于知识经济时代对人才的要求。所以，教师要面向未来，着眼于学生的长远发展开展教育教学工作。

第二，具有教改意识和奉献精神。素质教育与传统的"分数式教学"具有本质的区别，这就需要教师全身心地投入教学实践活动中，不断摒弃旧的教育思想观念，瞄准新时代对人才的要求，在教学内容、手段等方面不断探索、不断创新。

第三，具有较强的教学业务能力和科研能力。教师应不断钻研业务知识，积极参与科研学术活动，及时把最新、最先进的基础理论和专业技术知识传授给学生。

第四，不断更新知识结构，掌握本学科前沿发展动态。

（3）方法是保障

教学大纲往往没有很具体地规定教学方法，而实际上，课堂的设计、教学方法和教学手段的选择是贯彻素质教育的重要保障条件。和以往的教育相比，素质教育对教学方法至少提出了以下四个方面的要求：

第一，变学生被动学习为主动学习。要求在培养学生的学习兴趣、激发学习的内在动力、调动学习主动性上下功夫，使学生真正成为学习的主人。

第二，给学生留出必要的时间与空间，让他们去思考并得出结论。这就要求教师改进授课方式，实践的东西精讲多练，理论的东西精讲多思。

第三，变单向教学过程为交互式教学过程。此项要求对外语教学更为重要。外语课本身就是实践性很强的课程，因此应多设计一些综合性问题，让学生根据已学知识进行拓展、延伸，多讨论与交流，以培养学生的独立思考能力、联想能力、综合分析能力和表达能力。

第四，促进教学手段的现代化。应大力推广和运用计算机多媒体辅助教学系统，使其充分参与教学的全过程。

2.学的环节

学的环节主体是学生，学生既是素质教育的承载者，又是素质教育结果的直接体现者。因此，不能轻视改善学的环节。对学生而言，提高学的能力应掌握以下原则：

（1）掌握学习原则

学习原则是指在学习活动中观察问题、分析问题、解决问题的准则。

第一，积极主动性原则。积极主动性原则要求学生有明确的学习动机、强烈的求知欲、高度的自觉性以及战胜困难的毅力。

第二，理论与实践相结合的原则。理论与实践相结合的原则要求学以致用，培养学生实际中运用知识的能力，而且原则本身还有助于充分理解记忆知识。

第三，"博学"与"专精"相结合的原则。传统教育注重"专精"，而大学生的素质教育要求两者有机结合，并格外强调"博学"的重要性。

第四，系统性和循序渐进原则。不得任意破坏知识的系统性和知识的完整性，要掌握学习顺序性规律。

第五，掌握知识与发展智力相统一的原则。

（2）把握学习途径

许多接受传统教育的学生，往往只重视教师讲课，而轻视其他途径的学习。实际上，每一门知识都可以通过不同的途径去掌握。知识渊博的人非常重视利用各种途径丰富自己的知识。素质教育下的学生应把握听课途径、阅读途径、求师途径、交流途径和实践途径，不断挖掘潜力，开发潜能，体现学习主导者的作用。

（3）处理过程关系

学习的具体过程一般分为感知、理解、巩固、应用四个阶段，而其中起作用的核心智力因素分别是观察力、思维力、想象力、记忆力和实际操作能力。所以，学生在学习的过程中应善于处理感知与观察的关系、理解与思维的关系、巩固与记忆的关系、应用与技能的关系，使学习过程科学化。

（4）保护学习环境

环境是学习的重要条件。素质教育除了在环境方面对教育体制有所要求外，还对学生自我保护学习环境提出了较高的要求。从目前情况而言，学生起码要保护以下三种类型的学习环境。

第一，时间环境。运筹时间，一要把握高效性、整体性、科学性、定时性以及按质用能五项原则；二要处理好现实时间和预期时间、工作时间和自由时间、整体时间和零星时间的关系；三要学会对时间进行整段安排、阶段安排、短时安排、精确安排、弹性安排。总而言之，要逐渐具备最大限度利用时间的能力。

第二，空间环境。空间环境相当于"硬件"的一种物理环境，每个学生对此需要考虑两个方面的问题：一是创设一个良好的环境，尽可能做到在好的环境下（教室、图书馆、自修室等）进行学习；二是在不利的环境下（吵闹的环境、多干扰的室外），利用不同的方法，变不利因素为有利条件。

第三，心理环境。保护心理环境就是用保持自己心理健康的办法来适应各种各样的环境，取得较高的学习效率。心理环境的核心因素是自我意识，自我意识通过认识的、情绪的和意志的形式表现出来。这就要求学生正确地认识自己，愉快地接纳自己，自觉地控制自己。这样，一方面能为社会所接受，另一方面能为自己带来欢乐，从而创造出一种宽松的心理环境。

3.管理环节

教学管理环节是保证素质教育正常进行的重要环节，离开了这一环节，其他两个环节也难以联结形成系统。面对素质教育，教学管理应做好三项改革、两项开发工作：①改革教学管理制度，包括完善"淘汰制度"，从根本上解决学生学习动力不足的问题。②改革教学管理方式，给学生以选择学习内容、方式、时间、场所的自主权，为学生创造全面、生动、活泼、主动、和谐、良好的学习和发展环境。③改革教学管理手段，运用多媒体技术，建立管理信息系统，提高管理的现代化水平。④开发非课程教学体系。非课程教学活动采用组织激励、组织压力、组织竞争、组织效能等特殊方式，达到提高学生整体素质的目的。教学目标包括基本素质（身体素质、精神气质、思想道德、立身做人、思维方法、人际关系、组织观念、工作思路）和定向素质（语言知识、科技知识、政治工作）。教学形式多样，如讲课、讲座、研讨、参观、交流、实习、总结等。对非课程教学体系一定要加强统一规划和组织领导，将其纳入学校合力育人轨道，使素质教育通过多途径实现。⑤开发非智能因素。非智能因素包括：动机、兴趣、情感、性格、毅力、理想、信念、世界观等。非智能因素在人们的学习、工作、创造活动中，起着指向、动力、激励、维持、强化等多方面的作用。正因如此，素质教育应高度重视非智能因素。非智能因素的开发与培养是素质教育的重要组成部分，它可以从课堂上获得，但更重要的途径是课外，这无疑对教学管理部门提出了更高的要求。

教育问题是一个非常现代和前沿的问题，也是一个非常经典和古老的问题。不断探索素质教育的新方法和新手段，培养出更多更好的高素质人才，把民族摆到一个更加有利的竞争位置上，是教师面临的重要而紧迫的任务，素质教育也就必然成为教育创新过程中的永恒话题。

二、外语教学中的创新教育

（一）外语教学中创新教育的必要性

1.创新教育符合教育发展的内在要求

创新是高等教育的基本属性和重要功能，这种属性和功能表现在直接和间接两个层面上。在直接层面，创新通过创造现实的文化成果来实现。如新学说、新理论、新方法、新工艺、新材料等，它们直接推动经济的发展和社会的进步。在间接层面，创新则表现为培养创新人才，通过这些人才来实现各种创造活动。间接层面释放出来的推动社会进步的能量，要比直接层面大得多。

当前，由于受传统教育思想思维定式的束缚和应试教育的影响，高等教育相对忽视了创造力这个个体综合素质中最具生命力的特殊素质的培养和提高。

高等教育的创新功能受到了干扰和抑制，这不仅使培养的人才缺乏创新能力，不能适应社会的需求，而且也严重制约了高校自身的发展。当前高等学校必须努力更新教育观念，确立现代教育意识，改革教育内容和方法，全面推行创新教育。

2.创新教育是当前高等教育改革的核心

（1）探索未知将成为当今大学教育的时尚

知识经济时代，财富的形成不再仅仅取决于对现有可利用资源的有效配置，更取决于人类对自身智力的开发，如对知识的不断更新、对技术的不断创新。因此，对每一个人来说，开发、培植、占有未知东西的理想途径就是学习。学校开展各种类型的教育给每个人以增长新知识的机会，满足所有人的需要。创新教育是一所大学探索未知的方式。工业化时代的大学教育以传授知识为主，只有少数人从事知识创新活动。在知识经济时代，传授知识仍为大学教育的基础，在此基础上要有更多的人从事创造活动。只有有能力把自己的知识和智力投入创新活动的人，才能适应知识经济的发展需要。

知识经济时代的教育，要求人具有包括学科知识、综合知识形成的素质和能力，要求人们能够获取、应用和创新知识，并把自己的知识创造性地表现出来。知识经济时代的教育核心是培养创新能力。

（2）创新体系创新工程中的关键

由于以知识为特征的人力资源资本是主要的生产要素，而知识以知识经济为土壤，以高新技术的形式对经济的迅猛发展起重要作用。教育作为知识的传承和创新园地，自然应是社会的中心之一。同时，由于创新能力的所有者是社会经济价值的主要创造者和拥有者，进而成为社会生活中最受尊重、最有社会地位的人，所以人才是创新能力的载体，产生人才的高等教育自然应该是创新体系的基本组成部分。

由此可见，高校在国家科技体系与经济增长中的地位和作用是非常明确的。高校不仅是新知识、新技术的重要基地，而且要在这个基地上为社会造就有创新素质的优秀人才，使科技创新和经济增长能够持续发展。可见，高校对国家创新体系的构建负有十分重要的历史使命，高校只有发展自己的创新能力，提高创新水平，才能不愧于其在社会发展中的中心地位，为国家做出更大贡献。

（3）开展创新教育的研究，为大学教学改革提供思路

创新教育不同于传统教育，是在传统教育基础上改革发展形成的。创新教育是培养和造就创新人才的教育，只有确立新教育质量观，才能培养出具有创新意识和创新能力的人才。造成我国传统教育和创新教育的差距的一个主要原因是，教育长期以来比较注重知识的传授，而不太重视创造能力的培养。因此，重视创新教育已成为我国教育教学改革中刻不容缓的任务。为了加快实现创新教育，必须更新教育观念，特别是要更新教育质量观念，即由单纯注重专业知识的教育，转向既注重专业知识教学，又注意掌握厚实的基础知识和丰富的人文知识的结合；由单纯注重传授和学习已经形成的知识，转向注意培养实现知识创新与技术创新的能力相结合；由单纯根据掌握知识的多少来衡量质量，转向不仅要以掌握知识的多少来衡量质量，还要特别注重从能力和素质的角度衡量质量；由单纯强调全面发展，转向既强调全面发展，又要注重个性发展。

（二）外语教学中创新教育的途径

近年来，随着外语教学改革的不断深入，培养学生的创新思维能力已成为广大教师普遍关注的热点。如何培养学生的外语创新思维能力，使学生跃出教科书框架，学活书本，已成为教师需要解决的重大问题。创新思维是一种新颖而有价值的、非传统的，具有高度机动性和坚持性，并且能快速有效地解决问题的思维能力。创新思维不是天生就有的，它是通过人们的学习和实践而不断培养和发展起来的。教师在外语教学中培养学生的创新思维应注意以下方面：

1.精心设置学案，激发创新思维

只有达到一定的量，才会有质的飞跃。学生学习外语也是如此。首先，学生需要把书本上的基础知识学好，奠定知识基础，因为基础知识为思维能力的培养提供了可能和基础，即知识提供的是思维的原始材料。在外语教学中，要立足于双基教学（双基教学，即基础知识和基本技能教学）和训练，力求做到

学生学有发展，学得活，学得透。要求学生灵活运用所学知识，要求学生充分理解而不是死记硬背。同时，把掌握知识的重点放在思考力上，根据学生思考问题的方式和特点，通过各种渠道把知识结构铺垫成学生思维的方式，通过提问、启发和点拨，引导学生思维，鼓励学生多角度思考，在学习知识的同时训练思维方法，用思维方法指导知识学习。

学生能否掌握好基础知识，与教师的指导分不开，只有教会了学生科学的学习方法，学生的能力才会得到提高。要为学生精心设置学案，对每单元的课文阅读采取"自学""共学"和"练习"的方法。

"自学"是指学生针对学案中的目标和要求进行预习，在预习过程中要求他们完成记词义、长难句分析、段落大意和全文中心思想的归纳，让学生厘清文章的脉络，了解课文的重点和难点，发现问题。然后让每一名学生准备一本预习心得本，将难点记录在本子上，交给教师。教师在备课时认真阅读学生的预习心得本，了解学生的疑点，然后有针对性地拟订教案，这样在上课时就能既突出重点，又节省时间，提高了效率。

"共学"是指让学生充分预习，教师在课堂上就重点、难点展开共同的学习研究活动，教师在关键处进行点拨，针对学生的疑难问题进行解答。在课堂整体教学上，学生"画龙"，教师"点睛"。然后，在"自学"和"共学"的基础上让学生"练习"，教师精选文中出现的重要字、词、句型编成练习，让学生进行必要的巩固，使他们把学到的知识转化为实际应用能力。

综上所述，在指导学生自学时，教师要结合目标教学，要求学生针对目标做到读思结合。这样才能激发学生积极思考、发现问题、提出问题和解决问题的能力，也能使学生自学外语的能力得到明显提升。

2.课堂巧设疑问，引导创新思维

教师在教学中应注意多角度、多方位地设计思考题，发展学生横向、类比、逆向、联想等思维，使学生不单单将注意力停留在理解和掌握所学的内容上。教师还要利用现学的知识，结合学生已学的知识去创造，去探索，培养学生的创新思维，增强创新能力。在课文教学时，应经常采用多种思维训练法，培养学生的创新思维。根据教材的语言材料设置疑点，引导学生对课文内容进行再加工，鼓励学生从不同方面、不同角度进行思考。在实际教学中，教师可以在学生学完课文内容的基础上，大胆提出一些扩展性问题。

3.不断改进教法，开发创新思维

随着现代教育的不断改革，开拓未来学生的教育必须立足于精选的教材和科学的教法。要实现课堂教学的创新教育，教师需要拓宽学生的知识面，用大量生动有趣的题材去刺激学生的好奇心理，从而开发学生的创新思维。这就需要从改革教学方法入手。

（1）创造性的复述

复述的过程实际上就是思考的过程，它可以训练学生的思维能力。因此，教师可以在课文教学时让学生进行创造性的复述，学生在把握原文主题、故事发展的基础上进行大胆、合理的想象，对原文内容和形式进行加工、整理、归纳，改写后进行复述，这样做能促进学生语言知识能力的迅速转化，有利于开发学生的智力，培养学生丰富的想象力，开发其创造性思维。创造性复述可分为三种：①变更复述，让学生变换人称、时态、语态或文章体裁进行复述；②续篇复述，根据故事可能发生的变化，利用原有知识发挥想象，讲述故事可能出现的结局，这种复述有利于培养学生的想象力和创造意识；③概括性复述，根据材料所展示的内容进行分析、概括、推理，总结全文大意或段落大意。这是较高水平的复述，学生需要具有很强的归纳能力。

（2）发挥性的演讲

教师在上精读课时，尽可能地把课堂时间留给学生，让他们能够充分展现自己，争取多说外语的机会。这样对学生的积极性提高很有帮助，还能充分展现学生的语言才能和思维想象能力，把他们的思维想象能力推向一个新的高度。

综上所述，复述和演讲是培养学生各种语用能力、激发学生创造性思维的有效教学方法。因此，教师在外语教学中应根据学生的实际水平和不同层次选用适当的方法，使教学达到理想的效果。

4.进行积极评价，鼓励创新思维

学生是一个需要肯定、褒扬，需要体验成功喜悦刺激的群体。在外语课堂教学的创造教育中，教师的信任和鼓励会影响学生求知欲的产生，会影响到学生创造意识的萌发和创造力的产生。学生在学习时往往会产生一些离奇的想法，这时教师如果给以严厉的批评、指责或训斥，将会阻碍学生创新思维的发展。只有处于一种和谐宽松的关系和环境之中，才能激起学生主动的内部活动。这就要求教师对学生的学习行为及学习结果、反应等做出积极的评价，鼓励学生发展创新思维。教师在评价中应客观、公正、热情、诚恳，使学生体验到评价的严肃性。还应注意发挥评价的鼓励作用，以鼓励为主，满足学生的成功需要，调动他们的积极性。

5.教学以情育情，培育创新思维

教师自己情绪饱满，精神焕发地进入教室，在课堂内始终面带微笑，学生就会觉得亲切，受到感染，积极的情感随之产生。因此，借助于上课前几分钟的"热身活动"至关重要。课程开始前可穿插一些国内外的新闻、笑话、校园文化、轶事趣闻等比较有深度的内容，这样教师饱满积极的情感通过以上媒介、手段，构成了一个弥漫积极情感色彩的场景，感染了学生，创设了一种优美、平静、和谐的外语学习环境，铺垫了外语学习的气氛。置身于这样一个情境中，学生就会愉快地进入下一阶段的学习之中。可见，教师是外语学习课堂内情感的活化剂。

6.课堂实物演示，培养创新思维

教师大量运用实物、教学图片、幻灯片等多媒体手段，让学生置身于直观生动形象的情境中，这经常为外语教学所采用。这样做的目的：一是直观的内容更容易被学生理解；二是学生由景生情，更容易引起情感共鸣，产生丰富的情感想象，进而生成与景相符的语言内容。最重要的一点是，可以培养学生用外语思维的能力。

7.注重示范作用，推进创新思维

教师身体语言的运用将对学生的外语学习具有积极的推动作用，如表示认可的点头、鼓励性的微笑、肯定的手势等。同时，教师适当走动、认真倾听学生的发言、帮助他们解决个别词或词组问题，具有很强的亲和力。以上这些都能使学生获得愉快的情感体验。学生会认为他们的一言一行都得到了教师的注意及尊重。当然，教师在课堂教学中还需增加班级活力，使学生之间通过了解对方而相互认同和吸引。这就要求教师培养外语学习积极分子，经常在班级里表扬他们，朗读他们的优秀作业，张贴他们的佳作，并推荐给外语刊物，还可以鼓励学生交流学习方法。

第二节　外语教学主体与过程构建

一、外语教学的主体

外语教学无论要达到怎样的教学目的，采用哪种教学方法，最后都要通过学习主体来体现。在所有外语教学理论研究中，外语教学主体的研究占据重要的位置。因为研究外语学习主体可以使我们深入了解外语学习过程的特点，从而使我们设计出更多与外语学习客观规律相符的外语课程和外语语境。此外，将外语学习特点与母语学习特点进行比较，可以让我们对语言的含义、语言的作用等理论有更加深刻的理解，有利于丰富语言研究的内容。

（一）外语学习主体的生理因素

1.年龄因素

外语习得过程中与年龄因素有关的认识主要分为以下类型：

第一，人的年龄对外语习得的影响并不大，不管处于哪个年龄段都可以学习外语，也都有可能获得良好的效果。

第二，学习外语的起始年龄可以影响外语习得的速度和效率。

第三，学习时间越长，越有可能获得成功。学习时间会影响整体的交际能力，但外语发音的准确度受语言学习起始阶段的影响。

2.智力因素

智力就是掌握和使用某种技能的能力，语言潜能和智力因素有着密切的联系。智力因素对母语习得的影响成分较少，有智力障碍的学生在学习母语的过程中会受智力因素的影响。一般学生都能顺利习得母语，所以学习外语时一般人都不会受智力因素的影响。

对于智力因素是否会影响外语习得、影响程度有多深等问题，目前还没有确切的定论。可见，要界定智力因素的概念并不容易，人们对智力因素所包含的内容及其所起的作用持有不同的看法。智力因素与年龄有关，也与人们所处的环境有关，它对语言习得过程有一定的影响。一般而言，年龄越小，学习环境越自由，智力因素的影响就越小；年龄越大，学习环境越正式，智力因素的影响就越大。从智力因素的研究中得到的与外语教学有关的启示如下：

第一，让处在不同智力水平的学生采用不同的学习方法学习，或教师采用不同的教学方法教不同的学生，可获得意想不到的效果。

第二，侧重于培养语言交际能力的外语教学活动，对智力水平不高的学生更加有效。

第三，侧重于语言形式分析和记忆的外语教学活动，对智力水平较高的学生更加有效。

3.语言潜能

语言潜能就是隐藏在学生身体内部的某种能力倾向，主要分为三种，即语音能力、语法能力、推理能力。

20 世纪 60 年代，人们对语言潜能有了新的认识。美国哲学家乔姆斯基(Avram Noam Chomsky)的"语言能力"说认为，语言能力受基因遗传的影响，语言能力体现为婴儿接触到一些语言素材后创造性地使用该语言。"语言能力"说认为语言能力就是一种语法能力。

社会语言学家海姆斯（Dell Hymes）的"交际能力"与乔姆斯基的"语言能力"说不同，海姆斯的"交际能力"认为当我们在研究学生语言能力的同时，还需要注意以下两个问题：①人们在学习母语时，受智力因素的影响程度较小，但是在学习外语时，受学生内在的语言能力和智力的影响程度较大，那么，是不是意味着人们在习得母语和外语时，所用的规律会有所不同。②语言交际能力和语音知识的发展不一定平行，是不是意味着语言能力和交际能力不属于同一种能力，其生理与认知基础也不同。

从语言知识的角度而言，人们学习知识要经历一个从无到有的过程，通常人们在学习外语前已经掌握了一门基础语言知识，掌握基础语言可以为外语学习奠定基础，为其提供参考依据。在外语学习的过程中，原有的语言知识会发生改变。从交际能力的角度来分析人们学习母语的过程，认为这是一个接受社会规约和文化价值并确定自己社会角色的过程。人们的社会身份在学习外语之前就已经得到确认，外语交际涉及跨文化的问题，我们应以包容的态度来适应和接受不同国家的语言规则和交际准则。从认知能力的角度来分析人们学习母语的过程，这是人们认识世界和运用思维判断事物的过程。

如果一种语言代表一种看待世界的方法，那么学习外语也就意味着学生看待世界的方法要发生相应的改变。此外，人们生存的环境为母语习得创造了有利条件，语言的学习是一种无意识的认知活动，而外语学习却是一种自觉的过程。在学习外语的过程中，学生通常需要调整自己的认知方式来完成学习任务。

人们研究语言潜能的目的是要证实不同的人学习语言的能力是否有所不同。到目前为止，人们除了对语言学习应具备基本的听说能力达成一致的看法以外，对语言学习潜能与智力的关系、语言学习能力的组成因素、男生和女生在语言潜能上的差异以及语言天赋与艺术天赋是否一样等方面，还未达成一致的看法。但可以肯定的是，母语的听说能力并不受智力因素影响，但是外语学习潜能在很大程度上会受智力因素的影响，同时会受认知风格和学习策略的影响。实际上，学习环境和学生的兴趣爱好与语言学习潜能具有一定的联系，外语学习潜能对外语习得的影响主要表现在速度方面，且有一定的限度。因为不同能力类型的学生可以利用某一方面的优势来克服另一方面的缺陷。

因为外语学习与母语学习不同，这两种语言的认知基础有很大区别，所以，在制定外语教学大纲和编写外语教材的过程中，要考虑学生外语的认知基础，鼓励学生利用原有的知识充分发挥其分析和归纳的能力。同时，教师在教授外语词汇时，应注意母语词汇与外语词汇之间的区别，挖掘学生的外语学习潜能，培养学生对文化差异的敏感性。此外，在教授语言使用规则时，需要注意文化因素对交际能力的影响，以便提升学生的外语交际能力和外语知识水平。

4.认知风格

认知风格是指人们接收、组织和检索信息的不同方式。人们将认知风格分为场依赖型风格和场独立型风格。

场依赖型风格的特点包括：有较强的社会敏感性，容易与人交流；更倾向于从整体上认知事物；依靠外部参照系统处理信息；缺乏主见。

场独立型风格的特点包括：善于分析；交际能力弱；独立性强；以自我为参照系统。

一般而言，场依赖型学生更适合在自然环境中学习，场独立型学生更适合在课堂上学习。在不同的学习环境中，这两种类型的学生可获得不同的学习效果。但是关于这一点的研究暂时还缺少有力的证据，很有可能是不同的学习目的和学习环境需要采用不同的学习策略和认知风格。作为一名优秀的教师，应该注意了解学生所使用的学习策略以及学生的认知风格，并在不同的学习环境中采用合适的教学策略，注意发挥学生的特长，充分挖掘学生的学习潜能，引导学生采用合适的学习策略和认知风格，使学生能够快速学好外语。

（二）外语学习主体的情感因素

外语学习主体的情感控制是影响学习效率的最主要因素。人们最初学习语言是学习一种情感表达方法，而外语学习涉及很多社会心理因素，从总体上而言，影响外语学习的主要情感因素包括动机与态度及个性特征。

1.动机与态度

动机就是带有明确的目的性进行某种活动，并为达到目的不懈努力。态度则是一种信念、一种情感倾向、一种行动意向或实际行动。

态度作为一种情感因素对于某种目标的实施与取得最终的成功具有重要的影响，它与动机紧密相关，对某种文化感兴趣、向往其生活方式、渴望了解由它衍生的知识，这对于学习这种文化背景下的语言十分有利。反之，则很难取得良好的学习效果。如果对某种语言有好感，对其语法结构感到新奇，那么学习外语的过程就是探索新奇事物的过程，从而避免因枯燥乏味的学习使学生失去学习外语兴趣；如果认为外语很不好学，并难以接受外语的表达方式，这对于外语学习会产生不良的影响。学生是否喜欢所学内容，是否对教学活动的组织形式感兴趣，都会影响到学生的情绪和学习效果。

教师在外语学习过程中起着重要的引导作用，教师的个性也是学生学习态度的影响因素之一，性格活泼开朗的教师可带动学生的学习情绪，让他们以饱满的精神和积极的态度去学习外语知识。总而言之，学习态度影响着学习动机，在特殊的情况下，学习动机也会反作用于学习态度。

2.个性特征

心理学把人的性格分为两种类型：一种是内向型；另一种是外向型。这两种性格对外语习得具有不同的影响。

性格不同的人可采用不同的学习策略来完成不同的学习任务。性格外向的学生善于交谈，大脑可快速接收和处理信息，也能获得更多的语言实践机会，但是性格外向的人通常并不注重语言的形式，这对于外语的学习会产生不利影响；性格内向的学生做事稳重，其内敛的性格有助于他们更加深入、细致地研究事物的内涵与形式，在注重语言形式和语言规则的教学中，他们占据着绝对优势。

教师可根据学生的性格特征采用不同的教学方法，教学方法主要分为两种：第一种是顺其自然，发挥不同性格的优势，以解决不同的学习任务；第二种是采用恰当的手段，让不同性格的学生适应不同的学习环境和学习任务。总而言之，教师要充分了解学生的性格，以便顺利实施教学。

二、外语教学的过程构建

在外语教学过程中，策略研究的主要内容包括外语教学过程的内涵、外语教学过程的呈现、教学过程中语言策略的培养以及教学过程中语言策略的应用。

（一）外语教学过程的内容

外语教学过程主要包括 PWP 教学过程、任务教学过程以及自主学习教学过程。

1.PWP 教学过程

把学习过程划分为学习前（Pre-learning）、学习中（While-learning）、学习后（Post-learning）三个阶段，这就是 PWP 教学过程。PWP 教学模式一般用在听力和阅读教学中，它对学习过程的重视程度远大于对学习成果的重视程度。

（1）PWP 在听力教学中的应用

人们通常认为听力理解和阅读理解是被动进行的，实则不然，学生在学习过程中要充分发挥主观能动性来处理所获得的各种信息。例如，在练习听力时，学生集中全部注意力将所听到的信息与已有的知识相关联，才有可能理解其中的含义；如果没有集中注意力或者储备的知识不足，则难以理解所听内容的含义。在外语阅读理解中，学生会通过眼睛来捕获信息，并在脑海中对已获得的信息进行加工或重构，试图理解文章的内涵，这个过程不单纯是理解文字字面意义的过程，其中还涉及学生对语言、社会背景、文化背景、文章结构、文章类型等知识的理解。阅读理解能力强的学生可辨别词汇、短语的意思，了解与阅读文章有关的常识，理解与文章内容有关的知识，这些知识在阅读过程中也会相互影响。

由此可见，外语的听力理解与阅读理解并不是被动进行的。课堂教学环境下的 PWP 听力教学活动主要包括下述三个阶段。

第一，听力前阶段。这一阶段采用预测问题、提出问题、发现问题等方法，帮助学生确立听力目标、激活背景知识、展示话题、提高学习动机，并训练与之相应的语言形式和功能。例如，为了提高学生对听力材料的理解，在进行听力训练前可为学生提供与听力材料有关的知识。

第二，听力中阶段。这一阶段是听力教学的关键阶段，教师在这一阶段所起的作用不大，此时学生应集中全部注意力来获取信息，并对获得的信息进行加工处理。教师可采用丰富的教学活动增加教学趣味性，调动学生的学习情绪。例如，根据听到的内容表演动作、绘制图片或判断对错等，从而达到提高听力技能的目的。听力任务的难度受学生完成学习任务的方式的影响。

第三，听力后阶段。学生应用学习到的知识和技能，评估听力效果，通过完成听力任务，达到巩固听力信息和提升听力技能的目的。需要注意的是，这个阶段并不考查他们的记忆能力，因为如果听力材料太长，学生会很快忘记前面听到的内容，而是测试学生对听力材料的理解。在听力课堂上，教师可以将学生分成不同的小组，然后提出一些开放式问题，让学生对问题进行讨论，或者提出一些推理式问题，让学生判断所听到的内容，教师可以此来判断学生的情绪状态。

（2）PWP 在阅读教学中的应用

在外语教学过程中，PWP 阅读教学活动分为三个阶段。

第一，阅读前阶段。这一阶段具有"导入"特征，在这一阶段中，教师会介绍文章的背景知识，讲解词汇、语法、句法知识等，激发学生对文章的阅读兴趣。例如，采用预测的形式阅读文章，在阅读过程中归纳文章的中心思想，使学生更好地理解文章的主题。

第二，阅读中阶段。这一阶段属于阅读学习的中心环节，学生在教师的组织下参与教学活动，让学生掌握文章的结构特征、主题思想、文章体裁，从而达到提高阅读技巧、训练阅读策略、提升阅读理解能力的目的。学生在这一阶段不仅要能读懂文章，还要根据自己的理解进行推理阅读。通常而言，学生不识记一般文章所呈现的内容，如果将同样的信息转化成图片、表格、流程图等形式，可使学生在较短的时间内理解文章内容。

第三，阅读后阶段。教师可以让学生对所学内容进行准确评价，如相互交流、复述内容、相互协作、角色扮演等，以复述所学内容为例，教师先为学生详细讲解文章内容，让学生深入了解文章主题思想与文章内涵，然后引导学生复述所学的内容。教师可根据学生对文章的复述情况，判断自身教学效果与学生的学习效果。角色扮演主要用于阅读后阶段，它也是一种语言学习活动，角色扮演时可为学生提供说外语的机会，激发学生的学习兴趣。

2.任务教学过程

任务教学过程就是学生完成学习任务的整个过程，首先以具体的学习任务为学习动机；其次以完成学习任务作为学习过程；最后以学习成果来体现教学效果。所以，任务教学过程非常重视引导学生参与学习过程以及学生在这个过程中对外语的运用。就目前而言，与其他国家的外语教学相比，我国外语教学在教学方式、课程设置、师生比例等方面独具特色。课堂程序可分为四个阶段，分别是任务的设计阶段、准备阶段、呈现阶段与评价阶段。

（1）任务的设计阶段

在任务设计阶段，教师应确定教学任务的意义，确定真实的语境与交际目的。与此同时，教师还应设计有一定层次的学习任务，学习任务中既包含对话练习，也包含较为复杂的任务活动，还要提高学生的学习兴趣，因为兴趣是一切行为的驱动力，它可进一步转化为学习动机，学习动机的强弱与学习活动的强弱成正比。因此，学习任务一定要设置在学习兴趣的基础上。

（2）准备阶段

任务准备阶段是指在学生运用学习的新语言完成任务之前，教师向学生讲明完成学习任务应掌握的知识，让学生采用正确与得体的语言表达方式，为完成后面的学习任务奠定基础。在准备阶段，应让学生采用正确的语言表达方式，其主要目的是让学生深入理解完成学习任务时使用的语言要素。要做好这一点，教师应把握好教学内容的主题思想，并根据任务需要做好充分的准备。

（3）呈现阶段

在教学实践过程中，语言使用呈现往往在语言学习以后，以引导学生发现、教师提示、师生合作归纳等方式进行。尤其是对于学生难以把握和难以察觉到的语用内涵，教师要采用详细、生动的方式进行讲解，以便学生把握准确的语用内涵。

（4）评价阶段

在任务评价阶段，教师通过观察、询问、讨论等方式，引导学生反思任务完成的过程。例如，将任务完成结果与任务完成目的进行对比、观察学生是否掌握了所学的语言形式等。

3.自主学习教学过程

自主学习教学过程强调依据相应的理论为学生创造良好的学习环境，让学生采用协同合作的方式进行学习，在此过程中，学生要学会自我管理和自我评价，最终能够自助学习。所以，自主学习的关键内容是创设和谐、互助、自主的学习环境。教师把阅读材料发给学生，学习过程以学生自主学习为主，以相互学习和教师指导为辅，以此增加学生的知识储备，提升学生的学习能力。由于自主学习教学过程可使不同学生的学习成绩得到不同程度的提高，这便进一步激发了学生的学习兴趣，充分发挥了学生的主观能动性，较好地实现了教学的目标。

在自主学习教学过程中，教师所起的作用主要是鼓励不同的学生采用不同的学习方式学习知识、增长技能，并不刻意要求所有的学生使用同一种学习方式、获得统一的学习效果，教师以尊重的态度帮助学生发展个性化的学习方式。每个人的认知风格都不同，有些人喜欢独立思考，表现为具有场独立风格的学习特点；有些人依赖性较强，喜欢采用相互讨论的方式学习，表现为场依赖风格的学习特点。解决同一个问题，不同的学生会采用不同的方式，有人采用独立思考的方式，还有人采用合作交流的方式。

自主学习指的并不是学生根据学习材料自学，自主学习教学模式实际上是一种小组自学模式，在教学过程中将学生分成若干小组，让学生在小组内以合作交流的方式学习。在这种教学模式下，学生会积极参与到学习活动中，与他人相互配合共同完成学习任务。学生可因此获得更多不同的学习资源，在分享学习信息和整合学习资源的过程中，不仅能完善自我认知能力、提升学习技能，还能培养学生的合作意识。

教师在提出问题前，应先设计出符合不同学生认知能力和认知水平的问题，然后再有针对性地提问，鼓励学生探索不同的问题，从不同的角度探索问题中暗含的规律，并将自己的想法说出来。这样不仅能使学生养成独立思考的习惯，还能提高学生的学习效率。

自主学习过程注重让培养学生的学习能力、探索问题的能力以及解决问题的能力。在开展学习活动时，教师作为合作者与促进者可向学生介绍学习任务、提供学习材料、提出学习问题。在参与学习活动的过程中，教师应根据学生对所学内容的理解与学习中存在的问题，适当地将学生向正确的方向引导，鼓励学生提出不同的观点，并肯定学生提出的正确观点。

一旦发现学生在学习中遇到困难，教师就要及时引导，帮助学生解决问题。同时，教师还要对学生进行心理辅导，缓解学生的心理压力，引导学生倾听、理解和分享，帮助学生树立自信心，让他们积极地参与到学习活动中。教师还要充分发挥自身作用，善于发现学生身上的闪光点，及时解决他们提出的问题，并肯定其富有创意的解决问题方式。

（二）外语教学过程的呈现

1.语言知识与功能的呈现

语言能力与语言的应用能力都属于人的交际能力。语言能力指学生对语言知识的掌握；语言应用能力是指学生所具备的听、说、读、写的能力。假如学生没有掌握语言知识，就不可能获得语言应用能力。获得语言知识和语言应用能力不仅是学生应实现的学习目标，还是外语教学应完成的教学目标。

掌握语言知识与语言功能的呈现策略，可使学生在理解和应用相关知识时更加得心应手。

美国认知教育心理学家奥苏贝尔（David Pawl Ausubel）的"先行组织者"概念，对于改善学生的认知结构、增强学生大脑对新知识的记忆能力具有重要的意义。"先行组织者"是指在学习前教师将具有引导性的材料呈现给学生，用旧知识来导入、整合和联系新知识。所以，教师应深入挖掘教材的内涵，尽量将旧知识和新知识联系在一起，学生的认知结构与语言知识相关联，从而让学习变得更加有意义。

教师在呈现语言知识和功能时，应将关键信息呈现出来。从信息传递的角度来看，客观意义上的信息呈现与学生的知觉选择具有一定的差距。换言之，语言输入由于学生认知结构的特点，对信息传递的效果会产生较大影响，所以在呈现语言知识与功能信息时，教师最好选用一些关键性的信息。例如，在多媒体教学中，为了促进学生理解和掌握有关知识，教师可采用删除复杂背景、增加课堂实例等方法来凸显信息。为了减少记忆过程中的后摄抑制和前摄抑制的干扰，可将关键内容放在教学的开头或结尾处，从而加深学生对关键内容的记忆。

学习效果还受学习频率的影响，适当增加学习频率可提升记忆效率、提高教学效果。在教学过程中，关键内容的呈现方式有很多，这里需要明确的是，适当地重复教学内容与教学内容的时效性没有任何冲突，两者之间存在相辅相成的关系。教学内容的时效性越弱，所需的重复次数越多，教学内容的时效性越强，所需的重复次数就越少。

2.不同技能在教学中的呈现

语言应用能力是人际交往必不可少的技能，同时也是人们探索事物、认识事物、交流情感不可或缺的途径，外语教学的主要目标是培养学生的外语应用能力，因此提升外语应用能力对于外语教学具有重要意义。实际上，语言应用能力中包含的四项技能（听、说、读、写）存在相互依存的关系，它们之中的任何一项有缺陷都会影响整体的发展。因此，这四项技能需要得到全面提升，但是，听、说、读、写各种语言活动又有各自的特点，教师需要结合它们的特点对学生进行有针对性的训练，从整体上提高教学质量。

（1）展示听的技能

听是口头交往活动的基本形式，它总是先于说。听不仅是接收语言信息的过程，还是思考语言信息、重组语言信息、理解语言信息和吸收语言信息的过程，它与学生的认知方式、情感因素密切相关。所以，在训练听力时，教师应注意听力材料的真实性、可理解性与多样性，使语言具有真实交际意义，符合学生现有的知识水平，并让学生接触更多方面的语言知识；还要注意符合学生的动机需求、情感状态，让学生对所学知识的背景有所了解，保持学生思维的活跃性，从而提高听力效果。

（2）展示说的技能

说也是人际交往活动的基本形式，它和听力都属于大脑思维的过程，说的人可以根据自己掌握的语言知识创造性地应用语言。教师可借助教学活动来内化语言规则，避免学生使用母语的语言规则来翻译外语，让学生能够通顺、流利地表达自己的想法。所以，教师在训练学生说的能力时，要本着先听后说的原则，在学习过程中要求学生听清、听准、理解后再口头模仿。

（3）展示读的技能

读是书面交际活动的基本方式，它是通过视觉获取书面信息的行为。人们通过读来感知语言信息，然后将获取的知识内化于心，它是语言知识、文化知识、经验等相联系的认知过程。随着社会的进步，电脑等高科技产品走进千家万户，信息的传播速度加快，外语阅读优势逐渐凸显。所以，教师在训练学生读的能力时，要注意使用真实、有效、易于理解、涉及知识面广、趣味性强的阅读材料，还要注意阅读材料要与学生的知识水平、阅读兴趣相符。使学生在提高语言知识的同时，能充分享受到阅读所带来的愉悦。

（4）展示写的技能

写也是人际交往的一种表达技能，它是将思想转变为文字符号的过程。写作是外语教学的目标之一，在训练学生的写作能力时，教师需要注意将听、说、读与写相结合，以此提高写的准确度，同时还要符合学生的语言水平，以便其采用合适的词汇恰当地表达思想，增加写作活动的多样性，以便传达出丰富多彩的信息。教师要注意激发学生的写作兴趣，捕捉学生的兴趣爱好，结合实际生活和真实情感来创设问题情景，为学生提供表达真实想法的机会。

3.任务在教学中的呈现

任务教学法倡导在教师的指导下，促进学生投入知识的心理构建过程，将新旧知识相互联系，激发学生的学习兴趣。所以，在任务呈现过程中需要注意以下方面：

（1）有利于激活学生原有的知识

在任务教学法中，学生可以在教师的指导下将新信息与旧知识整合在一起，形成更高层次的知识结构。例如，教师使用语义联系的方式激活学生原有的知识，或提供典型例题讲解核心概念，这样能帮助学生理解这一概念。

（2）使用各项技能

在外语教学过程中，教师可以采用不同技能来展示新信息。例如，可以通过视觉的形式来展示阅读材料，也可以通过听觉的形式来展示阅读材料，即在展示阅读材料时，不仅可以使用读的技能还可以使用听的技能。但是，如果多种感觉通道提供的信息量太大，或呈现出两种无关的信息时，学生会难以接受，对教学效果也会产生不良影响。例如，教师让学生阅读书本和黑板上的内容，自己仍然在讲台上不停地讲话，不给学生留出思考的时间，这样会让学生不知所措。

（3）任务难度适中

教师在展示学习任务时，要确保任务难度适中，太难的学习任务会给学生带来压力，使他们失去学习的积极性。在设计任务时，教师可适当安排一些有难度的学习任务，让学生产生进一步探索的欲望。

（三）外语教学过程的策略

1.外语教学过程中语言策略的培养

学习策略是指为了完成学习目标而采用的学习行为与学习方法。培养学习策略的过程就是提升学生学习能力和认知水平的过程,学生在这个过程中可进行自我监控和自我调节。根据学生的心理特点,可将学习策略分为元认知策略、情感/社交策略和认知策略。

（1）元认知策略

元认知是指学生在学习过程中的感受,它主要由元认知知识、元认知经验与元认知监控组成,元认知学习策略是指学生将个人知识与个人经验结合,调控学习过程所采用的策略。在培养元认知学习策略的过程中,学生可利用不同的资源来学习外语,主动寻找学习外语的机会。另外,学生可通过不同的方式来分析学习中的各项需求,并根据不同的需求来提升自己的外语能力。

（2）情感/社交策略

情感/社交策略并不受智力因素影响,情感策略有助于学生保持良好的学习心态。例如,移情就是通过换位思考来体验他人情感,理解他人情感有助于合作,能帮助学生快速完成学习任务。当遇到很难解决的问题时,教师可以引导学生与别人合作,共同解决问题,缓解学生的学习压力,增强学生的自信心。

（3）认知策略

认知策略是指学生为了解决具体问题而采用的学习策略,可根据语言应用技能将学习策略分为听力策略、词汇策略、阅读策略、写作策略等。

2.外语教学过程中语言策略的应用

外语策略应用能力并不是短时间内就能培养出来的,它需要在长期的学习过程中逐渐发展起来。刚接触外语时,学生会对外语的语调、句子、语篇等感兴趣,教师在这个阶段起着重要的引导作用。随着学生语言知识的增加以及语言应用能力的增强,他们会找到属于自己的学习策略与学习方法,也会发展和强化自我监控、自我调节的意识。

在外语教学过程中,教师应多讲解认知方面的知识,鼓励学生将其应用于学习过程中,使学生得到不断强化和巩固。与此同时,还要培养学生的认知体验。伴随学生认知知识和认知体验的增加,其自我监控能力也会得到全面发展,即从语音、语句、对话逐渐拓展到语言的实际应用层面。

策略能力的培养可通过教师对策略内容和使用的讲解来实现，还可以在培养语言技能的同时培养策略能力。例如，在听力训练中，为了提高学生的听力效果，教师可鼓励学生采用合适的学习策略进行训练，这些策略主要有：①寻找关键词和非语言线索；②根据上下文猜测陌生词汇或漏听内容的意思；③根据语境判断说话者要表达的内容；④体会所听内容的主题思想，集中全部注意力倾听主要内容。

经过长时间的策略应用训练，学生会对学习策略应有所认识，并且可以在相关材料的辅助下，增强自我监控和自我反思能力，对自己所使用的策略进行评估，还可以调整不适合自己的学习策略。实际上，这是对学生自主学习能力的培养，有助于学生采用正确的方法学习。伴随策略意识的增强，学生可将应用在课堂上的学习策略延伸到课外活动中，从而提升自主应用学习策略的能力。

第三节　外语教学的创新方法构建

《现代汉语词典》对外语教学方法的解释是："关于解决思想、说话、行动等问题的门路、程序等。"外语教学中的方法主要可分为三个层面：宏观层、中观层、微观层。

外语教学方法中的宏观层是指有关外语教学系统的理论、观点和操作程序，这些观点、理论和操作程序之间存在相互依存的关系，整合后可形成一个相对独立且完整的体系。所以，宏观层的外语教学方法又被称为外语教学流派，如语法—翻译法、认知法、交际法等。

外语教学方法中的中观层是指外语教学中的某些规律性的方法，是一种较复杂的、有具体步骤的、系统的、技巧的做法。

外语教学方法中的微观层是指具体的教学技能技巧。在这个层面，方法一词不是外语教学的专用术语，而是日常用语，是解决问题的具体做法，如语法教学中的演绎法、词汇教学中的默写法、语音教学中的拼读法。

以系统的原则和程序为基础教授语言的方法是语言教学方法，即教授语言和学习语言的最好的方法。从外语教学的定义上看，它是一种以系统的原则和程序为前提的语言教学方式，是对语言教学最佳方式的应用。在应用过程中，它涉及语言教学的目标、语言学习的本质、语言教学的技巧、语言教学的程序等内容。

外语教学方法是与外语教学有关的思想体系，这个体系可分为理论层面和实践层面，理论层面可用来解决外语教学的理论、观点、原则等问题，属于科学分析，实践层面用来解决教学活动中存在的问题，它属于科学应用。理论与实践相结合正是外语教学所要达到的最终目标。

一、外语教学方法的类型

世界外语教学史上有很多对外语教学有深刻影响的教学模式，外语教学模式在外语教学界有很多不同的称呼：教学途径、教学方法、教学流派。以下就具有重大影响的外语教学模式及这些教学模式的主要特征进行梳理。

第一，语法—翻译法。语法—翻译法的特征为：①强调目的语的语法教学；②主要教学手段是目的语和母语之间的互译；③课堂教学采用学生和教师共同的母语；④句子是教学活动的主要语料。

第二，直接法。直接法的特征为：用目的语进行课堂教学和课堂交际，回避使用母语和翻译教学手段。

第三，阅读法。阅读法能提高学生的阅读理解能力，是语言教学的重点之一。

第四，口语法或情景法。口语法或情景法的特征为：①语言教学以口语开始，教学材料以口述为先、文字为后；②目的语同时也是课堂教学用语；③新的语言点在情景中引出，在情景中练习；④教学词汇的选择要确保核心常用词汇的完整性；⑤语法教学由易到难，循序渐进；⑥在足够的词汇和语法的基础上开始读和写的教学。

第五，听说法。听说法的特征为：①将听、说、读、写四项语言技能分开训练，并强调听和说的技能；②教学材料主要是对话；③强调使用模仿、背诵、句型操练等练习手段；④使用语音实验室；⑤将语言学和心理学理论作为理论基础。

第六，视听法。视听法的特征为：学生在有意义的可视场景中练习目的语。

第七，认知法。认知法的特征为：①强调有意识地把目的语作为一个充满意义的系统来加以习得；②力图把认知心理学和转换生成语法作为理论基础。

第八，交际法。交际法的特征为：①外语教学的最终目标是培养交际能力；②采用以交际活动为核心的教学程序来进行听、说、读、写的教学。

第九，全身反应法。全身反应法的特征为：①通过语言与行为的协调来开展语言教学，如孩童习得母语一样，先用身体反应，再用语言反应；②通过使用祈使句来教授大部分语法和词汇。

第十，沉默法。沉默法的特征为：①强调学比教重要；②除了示范新的语音、词汇、句子以外，教师应尽量保持沉默，多用手势、动作、实物、彩色棒、颜色、音图等替代语言表达意思。

第十一，暗示法。暗示法的特征为：①充分利用音乐背景装点学习环境，以营造令人心情舒畅的学习氛围；②强调权威的作用；③建立高度的自信心；④充分发挥无意识活动的积极作用。

第十二，协作法。协作法主张充分利用小组活动和双人活动，最大限度地促进并调动学生的协作性和互动性，从而推动语言学习。

第十三，自然法。自然法的特征为：①倡导外语习得；②强调学生能理解的语言输入；③主张说的自发产生；④注重营造轻松愉快的学习气氛。

第十四，社团学习法或咨询法。社团学习法或咨询法的特征为：①强调学生在集体学习过程中的安全感；②激发学生的自信心和上进心；③主张学生用心思考、记忆和吸收他人的语言材料；④注意辨别自己和他人的语言应用的正误和差异。

第十五，任务法。任务法的特征为：①以任务为主要课堂教学活动，使学生在接受任务、执行任务、检查任务的过程中习得目的语；②强调以完成任务为表层目的、以学得和习得目的语为深层目的的学生自主学习与合作学习。

第十六，整体法。整体法反对将语言分解为语音、语法、词汇以及听、说、读、写等彼此割裂的语言要素或技能来进行教学，主张把语言作为交际的、意义的、互动的完整存在来学习。

第十七，内容法。内容法认为语言的生命力不在于语言的形式，而在于语言的内容，因此语言教学不应该以语言本身为中心，而应该以语言携带的内容和信息为中心。

第十八，词汇法。词汇法认为在语言学习、语言应用、语言交际中，词汇比语法、功能、意念以及其他概念更为重要，对词汇包括单词、短语的学习，应该成为语言学习的基本任务和主要目的，应该以词汇学习为核心来开展语言教学。

综上所述，每一种教学方法都有其各自的特点，当然也有一些共性。外语教学模式还具有很多不同的类型，但无论它们被分为哪种类型，都有一个相同点，就是包含了语言教学的基本观点，在不同时期提出了某些独特的新主张，且都是为了解决语言学习中存在的问题。由此可见，语言教学方法的发展史是人们探索语言奥秘的历史，探索的过程是漫长而曲折的。多年来，人们专注于寻找有效的教学方法来解决语言教学中出现的各种问题。

二、外语教学方法的构架模式

（一）AMT 三级构架模式

AMT 三级构架模式（理论原则—Approach ；方法体系—Method；技巧策

略—Technique）具有一定的层次，它的组织构架是：技巧策略是方法体系形成的基础，而方法体系在形成过程中需要参考教学理论。教学理论是对语言教与学的假设，教学内容的本质可通过教学理论体现出来。方法体系是与教学材料密切相关的整体计划，计划内的各个部分需要相互协调，与理论原则保持一致。教学理论具有自明性，教学方法具有程序性，教学策略具有工具性，一个教学理论能延伸出多种不同的教学方法体系。课堂上采用的教学策略，是为了实现教学目标而采取的具体教学措施，教学策略与教学方法体系应保持一致，而且要与教学理论相符。

AMT 三级构架模式把教学理论原则和教学技巧策略放在教学方法体系的外部，它们不属于教学方法体系的内部结构。因此，虽然该模式描绘的构架具有一定的合理性，但是其包含的教学方法体系并不丰富，不能表示上一节所提到的语言教学方法的含义。

（二）原则、理论、步骤三维模式

一个完整的外语教学方法应要具有三维描述：教学理论原则、教学设计和教学步骤。教学理论原则是在语言和语言学习的基础上构建的理论，它不仅包含对语言本质特征的描述，还包含对语言学习本质特征的描述。教学设计是教学方法的核心，它分析和确定了教学内容、教学任务、教学功能等，具体描述了教学目标、课堂活动、教师作用与教材功能等。教学步骤是教学方法的实施过程，课堂上实际进行和完成的事情都属于教学步骤。原则、理论、步骤三维模式不同于 AMT 三级构架模式，其教学方法三维构架内部的各个组成部分既相互独立又彼此依存，从外部看三维构架模式更加完美，从内部看三维构架模式也更加完整。此外，该模式的教学方法体系中还包括语言、语言学习理论、教学技巧，并且将方法体系的核心内容分为不同的类型，使其变得更加丰富、更加完善。

但是三维构架模式下的教学设计属于理论部分，教学步骤属于实践的部分，所以教学设计和教学步骤相互独立，导致一部分内容在它们之间重复出现。从原则上讲，教学方法只是一种概念，并不是教学实践本身，对教学方法的应用属于实践教学的一部分。因此，在课堂上使用的教学方法不应该纳入教学方法体系的构架中。

（三）五层框架模式

五层框架模式如图 3-1 所示。

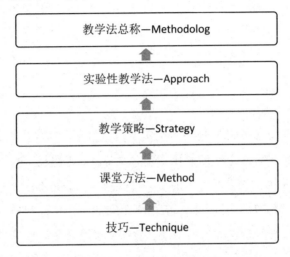

图 3-1　教学法五层框架模式

五层框架模式是对相关教学方法的整理，用非常合理的形式明确了它们的定义和关系。该模式通过教学策略把与教学法有关的概念分为上、下两个部分：上面是理论部分，属于科学范畴；下面是实践部分，属于艺术范畴。在教师的策划下，教学策略起着重要的支撑作用，这样就把理论和实践、科学和艺术统一于一个整体之中，形成一个完美的教学方法论体系。王才仁提出的教学法五层框架模式丰富了中国外语教学方法的研究理论，对中国外语教学的发展做出了突出的贡献。

三、外语教学的创新方法选择

良好的教学方法是教学任务顺利完成的保障，同时是实现教学目标不可或缺的手段。将合适的教学方法应用在教学活动中，具有优化教学内容、提升教学效果的作用。所以，在选择教学方法时，教师要注意选择科学的、合理的、有效的方法。从众多不同的教学方法中选出一种最佳的教学方法实非易事，因此，在选择具体的教学方法时，要考虑教学目标、教学内容、学科特点、学生特性、教学环境和教师水平这六种因素。

（一）教学目标与教学内容

选择教学方法的目的是高效地实现教学目标，让学生快速掌握所学知识。选择正确的教学方法不仅有利于实现教学目标，还有利于提高学生的学习成绩，它是一种完成教学和学习任务的重要方式或方法。在不同的学习阶段，教学目标和教学内容都有所不同，教师应根据不同的教学目标和教学内容选择合适的教学方法。如果教学目标有所变动，教师应根据教学内容的特点选择最佳的教学方法，或者将多种不同的教学方法融合为一体，以便获得良好的教学效果。

（二）学科特点和学生特性

第一，学科特点。不同学科具有不同的特点，在外语教学过程中，教师应针对不同的学科采取不同的教学方法。在外语教育阶段，学生是教学活动的主体，教师主要对其进行语言教学，让他们掌握语言知识和语言技能。明确不同阶段的教学目标，对外语教学的发展具有重要的影响。

第二，学生特性。虽然在同一个班级，但是不同学生的认知水平和年龄都不同，教师可根据班级整体状况选择相应的教学方法。课堂教学效果受学生认知水平与已掌握知识的影响。如果教师能够掌握每个学生的认知水平、生理特点和性格特点，就能在很大程度上减少突发事件，有助于教师顺利完成教学任务，从而获得良好的教学效果。因此，教师在选择教学方法时，要预测学生的认知水平和年龄。例如，性格外向的学生在课堂上比较活跃、富有激情，而性格内向的学生往往比较被动，教师应根据学生特点合理选择教学方法。

学生心理特点包括：情感、兴趣爱好、意志力、自信心、合作意识等。心理学研究表明，人的记忆、感觉、知觉、思维等发展受情绪状态的影响。例如，在积极的情感态度下，人的大脑可对接收到的信息进行有效的组织、处理和储存；在消极的情感态度下，人心智功能的发展会受到抑制。教师在选择教学法时，需要把心理因素作为一个重要的参考标准，在培养学生语言应用能力时，还需要照顾到他们的情绪。培养学生良好的心理素质，不仅有助于提高教学质量，还能促进学生的健康发展。

（三）教学环境和教师水平

1.教学环境

选择教学方法时，需要考虑教学环境的特点，教师应根据实际情况，选择科学、合理的教学方法。传统的教学环境是在集体授课模式下建立起来的，以集体形式展开学习活动，教室里有黑板、讲台、课桌等物品，教师在这样的环境中为学生讲课并积累丰富的教学经验。现代教学环境与以前相比有了很大变化，教室内设置了许多新的教学用品。传统的教学工具被计算机和多媒体替代，学生在课堂上占据主导地位，教师成了学生的引导者，起到引导学生学习的作用。当学生遇到难以解决的问题时可以请教教师，教师也可以采取与学生合作的方式来完成教学任务。随着时代的发展与教学环境的变化，教师所使用的教学方法也应根据具体情况进行适当调整，做到与时俱进。假如教师对自己的教学方法不做任何调整，一定会影响教学效果。

2.教师水平

教师应根据自己的水平特点选择合适的教学方法，尽量发挥个人优势，做到扬长避短。例如，有些教师口语发音较正规，有利于学生掌握正确的外语发音；有些教师善于分析和举例论证，能帮助学生快速掌握语言知识；有些教师善于组织学习小组，有助于学生掌握和理解所学的知识。但是，这些教学方法并不是十全十美的，也存在一定的缺陷。因此，教师应该从教学实际出发，多掌握教学方法，根据具体情况适当调整教学方法或将不同的教学方法组合在一起进行综合运用。

教师可充分发挥自己的主观能动性，用自己的聪明才智合理地设计和应用教学方法，并以此形成良好的教学策略。教师应结合教学情景和教学目标灵活应用教学策略，或者将多种教学方法协调地搭配在一起，进行合理应用，以发挥教师的创造才能。

第四节　外语课堂教学的形式构建

一、外语课堂教学的主要特点

外语教学的组织形式主要包括课堂教学、电视教学、网上教学和课外实践。
在我国，通过自然的交往而习得外语的机会很少，外语学习仍主要以课堂为基础，课堂教学便成了学生获得可理解性语言输入并进行语言交际训练的最重要的渠道。作为外语教学的主要组织形式，课堂教学具有以下特点：

（一）实践性

外语是一门实践课，学习外语的目的是使用它。因此，外语课堂教学的中心是学生的外语实践活动。外语课堂是学生充分进行外语交际实践的场合。

（二）多信息

课堂是学生接触外语的主要渠道，外语课堂教学必须保证学生接触到尽量多的外语语言材料，让学生在获得大量的可理解性语言输入的基础上接触、运用和归纳语言规则并习得语言。在外语课堂上，教师要尽可能地用外语授课和组织课堂教学，并为学生提供难度相当的、比应记住的多好几倍的听、读外语材料，这一过程可以借助录音、语料库、多媒体等辅助教学形式来实现。

（三）精读多练

外语教学必须以练习作为课堂教学的外部手段，学生外语实践要量大面宽，教学节奏要明快，练习转换、环节交错要紧凑。教师要充分调动学生的学习积极性，使学生发挥主人翁态度，积极参与各项外语实践活动。

（四）形式多样

外语课堂教学形式要做到多样化，力求动静结合，口笔结合，讲授、操练、测验结合，以拓宽语言输入输出的方式和渠道。

（五）优缺点并存

以班级授课为基本形式的外语课堂教学，有许多明显优点：一是有利于发挥教师的主导作用，提高教学工作效率，有助于经济有效地大面积培养人才；二是有利于发挥集体的教育作用，变个别教学为集体教学，使学生能够互相观摩、共同切磋，从而有助于培养学生的组织性、纪律性和集体主义精神；三是有利于实现教学大纲和教材的指导思想和要求，使教学有计划、有步骤地进行。

同时，课堂教学也有明显不足，例如，按学生的中等水平施教，过分强调整齐划一和集体统一，过于标准化、同步化、集体化，不能适应学生的个别需求。随着传播技术的发展和外语教学法的研究，外语课堂教学不断谋求改革，引入现代教学方法和手段。

二、外语课堂教学的基本类型

外语课堂教学类型是开放的。具体类型可根据教学目的、教学内容、操练形式等情况而定。例如，按教学内容和目的可分为综合外语课（精读课）、口语课（会话课）、阅读课、视听说课（听力课）、写作课、翻译课等；按语言材料可分为语法课、词汇课、语音课等。

常用课型多根据教学目的划分。其中综合外语课多适用于中、低阶段的外语课堂教学，是外语教学实际工作中最常用的课型，指在一节（或一次课）内同时实现多种教学任务的课，包括传授语言知识（语音、语法、词汇、句型），训练听、说、读、写、译等多种言语技能，进行交际训练等。在学生具备初步的语言基础知识之后，再加入口语课、阅读课等其他课型。

三、外语课堂教学的具体结构

课堂教学的基础结构是指一节（或一次）课的基础组成部分（或环节、阶段、程序、步骤）及各部分之间的联系、顺序和时间分配。它是根据教学目的和任务、教学内容和方法、教学过程的基本阶段以及学生的年龄特点和知识水平确定的。不同课型的结构也有所不同。

（一）外语综合课

综合课也叫混合课或综合型新授课。它是新授课与练习课、复习课三种课型（或其中两种课型）的混合。综合课体现外语教学的完整过程，便于进行语音、语法、词汇等方面的有机结合，便于训练综合交际能力，故它是外语课堂教学中最常见的课型。

（二）外语新授课

新授课是以教授新知识为主要目的的课型，它的构成是：组织教学→讲授新知识→巩固新知识→布置家庭作业。

新授课与综合课的根本区别在于：新授课突出讲练新知识，将其他环节压缩到最低限度或取消；新授课没有综合性练习，新材料的初步巩固只有少量是最必要的；新授课的教学准备工作以组织教学为主；新授课的主要教学环节是讲练新知识。因此，新授课多用于教授难度较大或容量较大的内容。

（三）外语巩固课

巩固课亦称巩固练习课，是在深入理解所学知识和技能的基础上集中进行应用性训练、检验知识的巩固程度和应用能力的熟练程度并反馈教学效果的课型。外语巩固课可使学生巩固所学知识，以便继续新内容教学。巩固课常用来复习较多、较难、较大的语法项目和课文等。

（四）外语检查课

检查课（亦称测验课、考查课或考试课）的任务是比较集中地考查学生对某课、某单元、某阶段所学的知识及技能的掌握程度和熟练程度，了解学生的学习水平，以便调整教学要求和进程，以便更好地开展新的教学活动。此外，考查能使学生看到自身的不足，明确努力目标。适时的、有意义的检查课能督促学生及时复习，促进学生提高学习自觉性。

检查课的第一环节是准备教学。除必要地组织教学活动外，主要是提出检查目的、要求、注意事项等，给学生做好考察的思想准备。

检查课的第二环节是布置考查练习，之后由学生独立进行口头或笔头练习。在考查中，教师只是主持和巡视，不做提示或指导。

检查课的第三环节是小结讲评，这是及时反馈考查效果和培养学生检验能力的环节。由于练习题多是客观性问题，故可当堂公布答案，规定批改符号，由学生互批，教师同时进行重点问题的分析讲评。为了了解考查情况并督促学生批改，教师在学生互批之后要抽样批阅。抽样批阅可以针对某些后进学生，也可以将学生分成若干小组，每次轮流抽取其中一个或几个小组，记载平时成绩。为更好地发挥教师抽样批阅的督促和引导作用，上述两种方法宜结合使用。

如果考查结果不理想，教师可适当布置一些补偿性练习，并增设巩固课，以求进一步巩固。

（五）外语辅导课

辅导的进行方式可分为课上辅导与课下辅导、集体辅导与个别辅导。课上辅导即为辅导课。辅导课的主要目的是：帮助学生解疑，指导其做好课外作业；对学习较差的学生和缺课的学生提供具体帮助，必要时给他们补课；培养优秀学生，对他们做个别指导，布置补充性作业，介绍参考读物，以扩大他们的知识面；指导学生寻求适合自己的学习方式，培养学生的学习能力，养成学生良好的学习习惯。

辅导课的教学结构比较松散和自由，常见教学形式为集体讲解与个别辅导答疑相结合。无论针对何种问题，教师的辅导态度都要端正、耐心。对于一时不能给学生明确答案的问题，要给学生讲明情况，待迅速弄清楚后再及时解答。此外，教师要善于根据不同性质的问题和提问人的具体情况，选择不同的解答方式，力求使之听懂、弄明白。对学习成绩较好、提出的问题比较深入的学生，可以采用启发、诱导的方法；对学习较吃力的学生，应着重帮助他们巩固基础知识，扫除学习中的障碍，使他们逐步提高学习能力。

四、外语课堂教学的形式变化

如今我们处于创新的时代，创新的时代需要创新的人才，这种对人才的挑战也给教育界带来了新的思考和变革，外语教学也无例外。因此，在新的时代，新形式的外语课堂教学理论层出不穷，最突出的是由"交际法"发展而来的"任务型语言教学法"。

（一）任务型语言教学法

所谓任务型语言教学就是直接通过课堂教学让学生用外语完成各种真实的生活、学习、工作等任务，将课堂教学的目标真实化、任务化，从而培养学生运用外语的能力。换言之，以具体的任务为载体，以完成任务为动力，把知识和技能融为一体，通过听、说、读、写等活动，用所学语言去做事，在做事的过程中运用自己所学的语言。简单地说就是为用而学、在用中学、在学中用、学了就用。在组织"任务型语言教学"过程中，要注意以下方面：

第一，任务设计要有兴趣性、真实性。因为学生兴趣与学习效果及教学效果密切相关。脱离学生的生活实际而设计的活动根本唤不起学生的学习兴趣，更达不到运用外语进行交际的目的。因此，教师在设计教学活动时应尽量以学生的生活经验和兴趣为出发点。

第二，任务设计要有层次性。任务越容易，参加任务的人就越多，获得的成功体验也就越多，学习兴趣就会越浓厚。因此，在设计任务时应循序渐进，由易到难。刚开始设计的任务应简单些，让大部分学生参与进来。随着任务的渐渐深入，学生对任务信息的了解不断增加，稍难的任务也会变得容易起来。

第三，任务的设计要有多样性。语言交际是一种充满创造性的心智活动，多设计一些能启迪学生思维、激发学生学习热情的任务型活动，可以提高学生综合运用语言的能力。教师可根据所学课文的相关内容，给学生布置各式各样的任务。例如，让学生为自己设计名片，画一幅自己居住地的地图，围绕课文中有争论的话题进行辩论，开展各种形式的小型竞赛，根据课文描述的内容圈出图片，看图编写对话，改写课文结尾等，都会从不同的角度激发学生的积极性及参与性。

第四，任务的设计应延伸到课堂之外。根据学生年龄特点和兴趣爱好开展各种任务型的课外活动有助于学生增长知识、开阔视野、展现才能。在教学实践中，教师可结合学生的实际情况组织英文歌曲、英文书法、英文手抄报、英文课本剧、英语晚会等多种活动。

（二）外语案例教学法

外语案例教学法是从其他专业的教学领域中借鉴而来的教学方法，它首创于美国哈佛大学，普遍应用于工商管理、法律、财经、医学等教学领域，它是一种通过对某一具体情景的描述，引导学生对其进行讨论的教学方法。案例可以把抽象的原理、概念等具体化，将它们置于一定的实际情景之中，学生可以通过对这些案例的分析，清楚地认识到这些原理和概念在实际生活中的用处与表现，从而掌握这些原理与概念和应用，有助于开发他们的学习主动性。外语案例教学法的一个主要特点就是培养学生的思考能力，通过收集资料、分析资料、推理、归纳、综合等练习促进学生的外语语言能力，这种方式适用于大学英语精读课文的教学。这一阶段的教学在解决了词汇、语言结构等表层问题之后，更应对课文的思想内容、作者的态度和情感、课文的社会意义等深层问题进行深刻的剖析。这一环节完全可以采用案例教学的模式，把课文视为一个活生生的案例，将学生置于一个有争论、有思索、有问题、有启迪的案例之中，这样学生才会不由自主地去对其进行分析、推理、归纳、解答乃至辩论。

总而言之，案例教学法可以把课堂行为转变为社会行为，从单纯的语言学教学延伸到对人生观、道德观和社会责任感的讨论中，同时通过这一行为也极大锻炼了学生的语言运用能力。

随着时代的进步，外语课堂教学的形式必然会日新月异，新方法和新观点会不断涌现出来，以适应时代和社会对外语人才的需求。

第四章 外语教学的跨文化发展

第一节 跨文化视域下的外语教学理论与方法

一、跨文化视域下外语教学的理论

（一）跨文化视域下的外语教学理论认知

1.跨文化外语教学的目标

（1）跨文化外语教学的总体目标

跨文化外语教学的总体目标主要包括以下两方面的内容：①初级目标——提高学生的外语交际能力，这一能力体现在语言文学目标层面。②高级目标——培养学生的跨文化交际能力，这一能力体现在社会人文目标层面。

（2）基于中国国情的跨文化外语教学目标

第一，知识层面的目标：①语言意识。既要了解语言的基本特点，也要认识到语言的功能；清楚地理解语言与语言使用及社会文化之间的关系。②文化意识。既要了解文化及其相关的概念，也要掌握文化的特点；能够认清语言与文化之间的密切关系，并意识到二者之间是相互影响、相互作用的。③目的语语言知识。掌握语言的基础知识，不仅要掌握语言的发音规则，而且还要了解语言的语法规则；掌握语言的基本词汇用法，并了解其背后的文化内涵；对语言的篇章组织特点有清楚的认知。④目的语文化知识。了解目的语文化中主要涉及的价值观念、风俗习惯等层面的内容；了解目的语文化的历史发展脉络及重大事件；了解目的语文化的社会文化结构；探知能展现目的语文化面貌的文学与艺术领域。

第二，能力层面的目标。首先，外语交际能力：①语言能力。可以流利地使用所学的语音、词汇、语法等语言知识。②非语言交际能力。在交际过程中能依据交际对象与交际环境，了解非语言信息，进而对自己的非语言交际行为做出适当调整。③社会文化能力。在真实的社会与文化环境中，能利用所学外语进行跨文化交际。④交际策略。当跨文化交际遇到阻碍时，交际者可以适当采取一些策略确保整个交际顺利完成。其次，跨文化交际能力。能对发生在跨文化交际中的各种文化现象进行正确地分析与观察；能在掌握本民族文化与目的语文化的基础上，对两种文化进行对比与分析；能正确认识本民族的文化，能构建属于自己的文化认知体系；能根据不同的交际场合与交际对象适当地改变自己的言行；能理性地看待文化差异；能正确看待自己在跨文化交际中的身份，当遇到跨文化交际冲突时，可以主动参与矛盾的解决工作；在具体的交际中可以用不同的思维方式思考问题。

第三，态度层面的目标：①文化移情。能够认识到民族中心主义思想的存在，并能把握这种思想对跨文化交际所产生的消极影响；能始终对目的语文化保持绝对的好奇心，愿意主动了解不同文化，并掌握文化之间的异同；能正确对待不同民族文化所表现出的差异性，以一种更加开放的态度对待文化差异。②文化相对论思想。能够明白文化差异与冲突是必然存在的，这两种情况是交际者自身构建的文化参考框架的不同导致的；能够知晓世界上的所有文化都处于平等的地位，并没有所谓的优劣之分，它们之间只是存在差异而已。

2.跨文化外语教学的内容

一般而言，跨文化外语教学的目的包括三方面的内容，即知识、能力和态度。与此相对应，确立跨文化外语教学的内容体系也应该从这三个层面出发。

如果不考虑其他因素，只是从教学内容来看，跨文化外语教学的内容体系主要涉及以下方面。

（1）目的语言教学与目的文化教学

目的语言教学与目的文化教学，这两方面的教学内容与我们当前的外语教学内容是一致的，经过这两方面的学习，学生不仅能够掌握目的语语言知识，还能运用所学的知识与目的语群体进行有效的交际，这种能够有效交际的能力就是外语交际能力。

需要注意的是，在这两个模块中可以增加两项新的内容，一项为语言意识，另一项是文化意识。将语言意识纳入模块之中的主要原因是希望学生可以在学习完外语之后，将外语与自己的母语进行比较，进而发现二者的差异，总结语言的普遍规律，最重要的是要能认识到社会、文化在语言形成与发展过程中所起的重要作用。而培养学生的文化意识则是让他们对中韩文化有足够的了解，保证其跨文化交际能力有所提高。此外，文化教学还涉及文化交流这部分的内容，文化交流是学生本族文化与目的语文化之间的交流。换言之，学生在学习外语的过程中还要多接触韩国文化，从而保证自己可以在中外文化对比中认识到本民族文化的优势以及韩国语文化学习在外语教学中的重要性。文化交流与文化使用并不是单独存在的，它们一般属于一个范畴，并相互作用。

（2）跨文化交际能力的其他文化教学

跨文化交际能力是学生在掌握目的语言以及文化的基础上产生的，同时学生还要兼顾母语以及本民族文化，以使自己可以在两种文化的交流中实现跨文化交际能力的提高。由此可见，外语教学不能排除其他文化的内容，一旦其他文化内容脱离外语教学内容，那么，学生在语言学习过程中就会忽略其他文化。显然，跨文化交际不是一种文化的交流，其他文化也要参与其中，这就导致学生有可能无法形成跨文化意识。当然，众所周知，外语教学的课时是有限的，教师与学生在课堂上的精力也是有限的，学生无法较为全面地体验多种文化系统。教师通过选择适当的教学教材，组织新颖的教学活动，是可以让学生在情境中体验不同文化的，虽然这种体验可能与目的语文化有一些差距，但是这在一定程度上也能摆脱母语文化对外语学习的影响。

3.跨文化外语教学的原则

语言与文化的关系十分密切，语言本身就蕴含着非常丰富的文化内涵。从语言使用层面上看，语言使用需要在一定的文化环境中进行。因此，外语语言教学必然会涉及跨文化教学，而且跨文化教学必然也会通过语言教学来实现。不过，跨文化外语教学活动的开展与外语教学还是有一些细微的差别，教师在教学过程中必须要遵循以下原则。

（1）文化平等原则

虽然各民族的文化的形成条件不同，具有的特点不同，但不同文化之间是没有优劣之分的，换言之，不同文化处于平等的地位。

在跨文化交际的过程中，交际者要形成文化平等意识，平等地看待本民族的文化以及目的语文化，在交际中习惯性地把本民族文化放在首位，以至于其在交际中容易用自己本民族的思维习惯去理解其他民族的文化。这就会削弱跨文化交际的效果，甚至有时会导致跨文化交际的失败。这就要求教师必须在跨文化教学中以文化相对论的观点来引导学生，让学生认识到文化都是满足民族需要的产物，每一种文化都是适应每一个民族的发展的，所以我们无法用优劣来简单评判所有文化。

中国文化是中华民族数千年来生活经验与成果的总结，韩国文化也是人们适应自身发展形成的文化，这两种文化都是宝贵财富。因此，在跨文化外语教学中，教师必须要秉持双向文化导入的理念，既要向学生传授韩国文化知识，还要向其传授中国文化知识，这样学生在掌握中韩文化知识的基础上就能了解两国的文化差异。

需要注意的是，教师要让学生明白，跨文化交际过程是一个文化平等交流的过程。在学习中，学生必须平等地看待中韩文化，形成文化平等意识，不断汲取中韩文化的精华，用这些文化知识来指导自己的跨文化交际实践。

（2）吸收原则

众多的历史经验已经告诉人们，对于文化，全盘目标文化是不可取的，全盘本位文化也是不可取的，我们应该辩证地看待这两种文化。一国文化要发展，不仅要与世界文化和谐相处，还要保持自己的独立性，这种独立性的保持需要始终去粗取精、去伪存真。

由此可见，中韩文化中必然会存在一些与时代发展不相适应的内容，教师在跨文化外语教学中要帮助学生辨别这类文化，同时要从中韩文化中吸收有益的、积极的文化，并将这些文化在课堂上传授给学生。

（3）有效性原则

跨文化外语教学的最终目的是要培养学生的跨文化交际能力。有效交际的实现需要一定的条件，前提条件是交际双方要共享一套语言系统，而其他条件还包括交际环境、情境以及规范系统。需要注意的是，这里的交际环境包括两部分：①宽泛的交际环境。它主要包括地理环境、文化环境等，这类环境能对交际产生间接的影响。②具体的交际环境。主要包括交际双方的角色、交际发生的具体场合等，这类环境一般可直接对交际产生影响。情境一般是指文化情境，是交际双方在交际时所处的文化背景。规范系统是保证交际双方交际顺利进行的基础，双方都必须遵循一定的规范。

跨文化外语教学的内容十分丰富，教师要实现教学的有效性，就可以将这些内容都纳入教学中。具体而言，文化知识的引入可以循序渐进地进行：①可以将地理文化、情境文化这类相对来说比较浅层的文化引入教学中，先让学生对文化有最基本的了解；②教师将文化深层次的内容——价值观与社会规范引入教学中。这种内容设计与组织是符合教学规律的，因此，教学的有效性能很快实现。

（4）与语言教学相融合的原则

跨文化教学并不仅仅是文化层面的简单教学，它应该与语言教学结合起来，这是因为跨文化外语教学的目的是帮助学生培养跨文化交际能力，使其在跨文化交际中能规避语用失误。因此，跨文化教学绝对不可能离开语言教学而存在。

文化教学必须与语言教学相结合，教师可以将文化内容贯穿到语言教学的所有环节。学生在学习语言的过程中，也完成了对文化知识的学习。而语言知识与文化知识的扎实掌握，能帮助学生认清文化教学与语言教学的关系，也能帮助学生进行成功的跨文化交际。

（5）以文化学习促进语言学习的原则

外语课程是一种兼具工具性与人文性的课程，要求学生不仅要掌握基础语言知识，还要掌握语言背后的文化知识。因此，教师在进行外语课程设置时，必须考虑培养学生的文化素质以及提高其跨文化交际能力。

语言是文化的载体，它记录并传承文化，所以，语言的教学与学习也不能脱离文化而存在。同时，因为语言也承载着丰富的文化，所以语言也变得更加多姿多彩，语言的使用也更加灵活多样。因此，学生学习外语，不能仅仅学习语言知识，还要了解语言背后的文化内涵，只有这样才能灵活地使用外语。而对于外语教师而言，其在外语教学过程中不仅要向学生传授词汇、语音、语法等语言知识，还要向学生传授文化知识，让他们将文化知识融会贯通到语言学习中，这样语言综合运用能力才能有所提高。

外语教学应该强调以文化为中心，学生在学习语言的过程中应完成对文化知识的学习。不过，这里的文化知识是全面的，不仅包括韩国文化知识，还包括中国文化知识。因为跨文化外语教学给学生提供的文化知识包括了中韩知识，这可以在一定程度上拓展学生的知识面，拓宽其文化视野。在此基础上，学生就能了解到文化知识对于外语语言学习的重要性，从而根据自己的实际学习情况调整自己的学习目标与学习计划，将文化知识学习纳入自己的学习体系之中。

（6）输入与输出并重的原则

跨文化外语教学中的知识的输入与输出可以从以下两个方面具体展开。

第一，文化层面。近年来，互联网的发展让中国年轻的一代群体与韩国文化进行了全面的交流，各种盛行于世界的文化开始在中国社会蔓延，这对于中国文化保护以及外语语言学习都是不利的。对于学习外语的人而言，其不应该对中韩文化有所侧重，而是应该平等地对待这两种文化。这就要求外语教师在跨文化外语教学中，将文化平等的理念传授给学生，让学生明白韩国文化对于外语学习固然重要，但是如果不深入了解中国文化，不清楚中韩文化的差异，外语学习也只能停留在语言层面，深层次的文化学习是无法实现的。同时，教师要加强在外语课堂上中国文化的输入，让中国学生了解到中国文化的魅力，从而使其可以在与外国人交际的过程中进行中国文化输出。不过，此处的加强中国文化输入并不是意味着跨文化外语教学要侧重中国文化教学，而是要实现文化输入与输出的平等。

第二，语言层面。跨文化外语教学并不是简单地将中韩文化知识直接展现在学生面前，让其学习、消化，而是要以语言为载体，使学生完成对文化语言知识的输入和吸收。当学生进行文化语言输出时，能完成高质量的输出。文化语言输出是十分必要的，其最重要的作用就是帮助树立学生的自信心，这样学生就能在跨文化交际中使用流利的文化语言完成交际。

（二）跨文化视域下的外语教学理论支撑

跨文化视域下外语教学理论的产生和发展是社会政治、经济、文化、教育等发展的结果。韩国语教学理论受到哲学、心理学、社会学、人类学、语言学、信息科学等相关学科的影响，特别是哲学和语言学的影响。最早的韩国语教学法是语法翻译法，它起源于古希腊罗马时期的修辞学。以下主要探讨现代韩国语教学理论。

1.多元智能理论

美国教育学家加德纳（H. Gardner）的多元智能理论认为，每个人都拥有语言智能、逻辑—数理智能、空间智能、运动智能、音乐智能、人际交往智能、内省智能、自然观察智能这八种智能。其多元智能理论是对传统的"一元智能"观的有力挑战，在当前新课程改革中仍给我们诸多启示。

在人才观上，多元智能理论认为几乎每个人都是聪明的，但聪明的范畴和性质呈现出差异。我们要改变以往的学生观，用赏识和发现的目光去看待学生，只要正确引导和挖掘，每个学生都能成才。

在教学方法上，多元智能理论强调应该根据每个学生的智能优势和智能弱势选择适合学生个体的方法。教师要关注学生差异，善待学生的差异，根据学生的差异运用多样化教学模式，促进学生潜能的开发，促进学生成才。

在教育目标上，多元智能理论认为应该根据学生的不同情况确定每个学生最适合的发展道路。在教学形式上重视小组合作学习和讨论，以利于人际智能的培养。

多元智能理论指导下的韩国语教学包含四个教学阶段：①能力的感知阶段，通过触、嗅、尝和看等多种感官经验激活各种智能；②能力的沟通阶段，通过接触他人、事物或特定的情景体验情感；③能力的传授阶段，在教学中传授学习方法与策略，把智力开发与教学重点联系起来，激发学生的潜能；④能力的综合运用阶段，通过评估促进学生综合地运用多种智能，使每个学生都能自信地学习。

2.行为主义学习理论

行为主义学习理论又称为刺激—反应理论，是当今学习理论的主要流派之一。行为主义学习理论认为，人类的思维是与外界环境相互作用的结果，即形成"刺激—反应"联系。行为主义学习理论应用在学校教育实践中，就是要求教师掌握塑造和矫正学生行为的方法，尽可能在最大程度上强化学生的合适行为，消除不合适行为。

行为主义学习理论的主要特征可体现在以下五个方面：①学生重视对语言现象的观察和模仿，这主要指学生对教师以及周围环境，包括教材、音像材料等出现的语言现象进行观察。观察是语言学习的第一步，模仿是学习和掌握语言的基础。②强调学生反复的语言实践过程。为了形成这种语言习惯，学生需要进行机械性的语言训练。这种训练形式通常是在一段时间内一遍又一遍地重复。③学习理论强调在学习过程中对学生的鼓励作用，即正向强化。当学生取得一定成绩时，教师等应该给予他们及时的鼓励。④重视在具体的学习过程中采用多元化的句型操练形式。这种语言操练的宗旨是使学生有机会对目的语进行不间断地重复和实践。⑤在语言学习的过程中，重视对学生间隔性的刺激原则。这主要指有计划、有间隔性地使学生接触到所学语言，能够不间断地为他们提供语言实践的机会。

3.认知—发现学习理论

美国心理学家布鲁纳（Jerome Seymour Bruner）的"认知—发现"学习理论认为，学生的心理发展虽然受环境的影响，并影响学生的环境，但主要是独自遵循他们自己特有的认识程序。布鲁纳认为，教师的任务是把知识转换成一种适应正在发展着的学生的形式，而表征系统发展的顺序可作为教学设计的模式。由此他提倡使用发现学习的方法。发现学习的特征及其教学策略如下：

（1）强调学习过程

在教学过程中，学生是一个积极的探究者。教师的作用是要形成一种学生能够独立探究的情境，而不是提供现成的知识。布鲁纳强调，学生不是被动的、消极的知识接受者，而是主动的、积极的知识探究者。

（2）强调直觉思维

布鲁纳的"认知—发现"学习理论认为，直觉思维与分析思维不同，它不按照规定好了的步骤，而是采取跃进、越级和走捷径的方式进行思维。所以，教师在学生的探究活动中要防止过早语言化，引导学生边做边想。

（3）强调内在动机

"认知—发现"学习理论重视形成学生学习的内在动机，或把外部动机转化为内部动机。"认知—发现"学习理论提出要形成学生的能力动机，就是使学生有一种求得才能的驱动力。通过激励学生提高自己才能的欲求，从而提高学习效率。

（4）强调信息提取。"认知—发现"学习理论认为，人类记忆的首要问题不是储存，而是提取。所以，学生如何组织信息，对提取信息有很大影响。学生亲自参与发现事物的活动，必然会用某种方式对它们加以组织，从而对记忆具有较好的效果。

二、跨文化视域下外语教学的方法

（一）跨文化视域下外语教学方法的分类

1.沟通式教学法

（1）沟通式教学法及其特色

沟通式教学方法注重与学生之间建立良好的沟通关系，切实提高学生的沟通能力。换言之，沟通式教学法的关键在于能促进学生参照学习的内容、主题进行相关的表述，使对方了解自己的想法，同时采取通过具体的策略进行有效沟通的对话。要能够切实提高学生的沟通能力，要使学生能够掌握一定的语言表达能力、社会学习能力、言谈能力等。也就是说，高校学生要充分借助基础理论知识、语言文字的学习，对外进行交谈或是完整地表达出文章的大致意思。与此同时，要求学生能够根据文章中的对话或是相应的社会背景，涵盖对社会、角色等关系的理解并进行相应的表述。当在沟通的过程中遇到困难时，教师可以通过教学方法来实现教学目标。

沟通式教学法要立足于学生学习的精度展开，提高学生自主学习的能力，而不是机械式的教学。另外，沟通式教学需要提高学生的参与率，鼓励学生积极加入课堂学习过程，这样能体现学生的主导地位，切实提高高校外语教学的课堂质量，促进学生更好地掌握外语。

（2）韩国语能力与韩国语的教学目标

语言的学习需要有一定的语法基础，也就是能够灵活使用语言进行表述，并不是简单地代表对某一种语言的学习能力，而是建立在实际情况下使用语言的能力。一般而言，韩国的语言教育可以分为三个等级：一级、二级和三级。对于一级韩国语学生而言，其缺乏对韩国语的深入理解，因此教师的教学方法对学生的学习具有十分重要的影响。再加上一级学生韩国语词汇量不足，在这种情况下的教学就要充分重视对句型的练习。事实上，沟通式教学法最适用于一级教学。沟通式教学法并没有受到传统教学方法的限制，也不是刨根问底式的教学方法，而是比较重视学生韩国语流畅性的教学方法，这样的教学方法十分适合一级韩国语学生。同时，一级韩国语教学主要传授学生基本的礼仪和一些简单的对话。如果只简单地根据教材进行学习，则会显得十分枯燥，很容易引起学生的厌烦心理，很难实现预期的教学目标。采用沟通式教学法能够打破传统的教学模式，既有利于提高学生的学习积极性，还能扩大学生韩国语的词汇储备量，帮助学生更好地学习韩国语。

（3）沟通式教学法在韩国语教学中的使用

对于韩国语初步学习阶段的学生而言，他们不仅要能够掌握基本的韩国语单词，还要学习一定的语法，更重要的是要学习自我介绍、询问他人信息、基本的问候语等与日常生活联系密切的表达形式。考虑到这些方面，沟通式教学法在一级韩国语教学的过程中应当使用"开始—呈现—训练—活动—归纳"的形式，具体见表4-1。

表4-1　沟通式教学法在一级韩国语教学过程中的使用

阶段	过程	活动和角色		时间
开始阶段	引导学生学习动机	教师	学生	5分钟
呈现阶段	将学习目标呈现给学生	向学生提问，告知学生具体的学习目标	充满学习欲望，猜测学习目标	10分钟
训练阶段	集中训练	利用视觉、听觉材料呈现沟通情况，详细地阐述本节课的学习目标	根据对材料的理解，学习教材中的典型句子，认真聆听教师并理解教师的讲解	10分钟
活动阶段	沟通练习活动	针对单词及主要句子集中训练，采用一对一沟通方式开展练习活动	根据教师的要求，进行相关的训练，实现本节课的教学目标	20分钟
归纳阶段	复习归纳所学知识	采取提问的方式进行总结归纳，并复习所学内容	在回答完教师提问的问题之后，归纳总结本节课学习到的知识	5分钟

根据表4-1所呈现的沟通教学法的具体步骤开展教学活动，不仅能够有效

地提高学生对语法的掌握能力，还能够规范学生的发音，培养学生的语言表达能力，切实提高学生的口语表达能力。对于韩国语的写作而言，因为受到词汇量的约束，应当体现出学生的主导地位，教师从旁进行辅助教学。然而在对初级学生开展语法教学活动的过程中，教师最好不要将某一语法的全部解释和用法传授给学生，而是要循序渐进地向学生解释，逐步加深学生对该语法的理解。教师在韩国语教学的过程中，如果能重视以上几点，科学合理地采取沟通式教学法，则十分有利于学生对韩国语的学习，能切实提高学生的韩国语水平。

2.情景模拟教学法

每种教学方法的适用性都是有限的。传统的外语教学的关注点多集中在语言本身，强调语法、发音和词汇等方面的学习，对于沟通交流方面的学习则仅停留在课本上，缺乏有效的教学实践。大量的教学实验表明，如果语言技能训练脱离了实际生活，那么人们在实际情景交流中的有效性将得不到保证。因此，要想弥补传统教学中的这项不足，仅让学生了解和掌握语言的社会运用规则是不够的，还要让学生在实践中真正灵活地将语言运用起来。所以，在实际的教学中，教师还应加强对学生的引导，增强学生的跨文化交际能力，让学生学会用所学的外语（在本书中即为韩国语）的文化思维模式来思考及与人交流。基于以上对韩国语教学的目标预设，情景模拟教学法顺势而生。

（1）情景模拟教学法概述

通过视觉情景、语言情景等与特定语言相关的情景，将外语与情景参与者的知觉、思维直接联系起来，从而达到教学目的的教学方法即为情景模拟教学法。其中学习情景多是指在学习获知过程中，为达到更高的获知效果而借助想象、手工、口述、图形等手段营造出来的与现实相似度较高的情景。通常，随着时代的发展，营造出来的情景也有所变化。情景模拟教学法一般通过构建语言或视觉情景进行教学。由于使用环境和对象的不同，即使是同一种语言和词汇，其具体的含义和内涵也是不同的。另外，透过具体情景中表达者的动作也可以使一些比较难懂的语言变得易于理解。所以将图片、实物、动作运用到语言教学中，可以帮助学生通过形象化的认识更好地理解和更快地掌握所学语言的运用规律。

第一，情景模拟教学法的理论基础。情景教学是建立在建构主义理论上的，希望学生通过获取直接经验的方式来进行学习。具体操作步骤如下：①根据学习内容创设出一个在现实生活中可能会出现或出现过的情景；②明确教学内容，将创设的情景与实际教学目标结合，选择与学习主题关系最为密切的类真事件或问题作为学习内容；③教师向学生提供一些解决问题的线索，引导学生通过自己的力量自行探索，自己解决问题；④鼓励学生协作学习，通过交流、讨论等形式，促使学生取长补短，对自己、对问题有更客观、更全面、更深刻的认识；⑤通过对学生在教学活动中表现的观察和记录，对学生做科学的评价与及时的反馈。

第二，情景模拟教学法的生理学和心理学基础。从产生方式的角度而言，人类一切的心理活动都是一种反射。简言之，外界刺激是引发人一切心理活动的源头，在神经系统的帮助下使人的心理活动呈现出一种有规律性。人自身的感受器决定人的感觉。而人体感受器分两种，一种是针对人体内部感受体内的各种变化；一种是通过眼、耳、口、鼻以及皮肤感受器来感受外部环境的变化。人有五感，分别是视觉、听觉、嗅觉、味觉和触觉。在实际的学习过程中，人的识记、保持、回忆和认知是人感觉、知觉、想象和思维等一系列心理过程的起源。人类的认识始于感觉，感觉是最简单的认识，是复杂心理活动构成的基础。而知觉高于感觉，只有产生了知觉才能形成有记忆、想象、思维等心理活动。思维则是高于感觉、知觉和想象的高阶存在，对事物的认识更为理性。

第三，使用情景模拟教学法的原则。首先，坚持教师教学主导、学生为教学主体的原则。在实际的情景教学中，教师应秉持以学生为中心的原则来开展教学活动，将学生作为教学过程中的活动主体，将学生的表现作为教学效果的主要评价依据。其次，坚持互动充分的准确性原则。根据构建主义理论，学习过程应是一个知识构建的过程。在这个过程中，学生通过反复地充分接触信息资源逐渐将知识内化。这个反复接触的过程实际就是一个互动的过程，而学生的主体性和必要的环境支持是此互动过程得以准确有效的基础——学生通过必要的环境获得更多的互动机会来巩固和提升学习效果。最后，坚持自主性原则。强化学生的主体意识，促使学生在情景教学中自主地设计角色、语言和情节。

（2）情景模拟教学的一般流程

第一，情景模拟教学的任务准备阶段。就高校韩国语教学而言，韩国语情景模拟教学设计的准备阶段主要是根据教学需要设计情景主题大纲，创设必要的学习情景，同时教师在该阶段还需向学生传授必要的预备知识及做必要的情景示范。首先，学生需要预先学习情景模拟教学中的有关教学内容，为接下来的情景模拟教学的具体实施做准备。教师根据教学需要设计情景主题与大纲，然后进行学习情景创设。其次，情景教学的开展既需要学生具备一定的知识基础，也要求教师创设出来的情景有更强的综合性和应用性，能够体现出对韩国语听、说、读、写等多个技能上的教学训练。

第二，情景模拟教学的实施。在情景教学模拟实施阶段，教师要将情景内容示范给学生，让学生通过教师的示范，了解和熟悉情景的内容，当学生掌握大体的情景内容之后，教师可引导学生利用多媒体设备或其他教具和手段将教师示范的情景内容再现出来。在情景模拟教学活动中，学生在完成既定学习目标的同时，能力和学习积极性也会获得不同程度的提高。而教师在实际的教学中也可以根据教学情况，引导学生对情景进行再次创造，对情景教学内容做进一步的延伸，促使韩国语教学由初级的模仿教学向综合应用教学发展。

第三，情景模拟教学的实施手段。在情景模拟教学的初始阶段，学生预先了解所学内容的基本情况，从而保证在情景重现过程中能够清楚地了解和掌握所模拟的情景的各个要素。举例而言，在一个以同学聚会为主题的情景模拟活动中，学生需要了解同学聚会的场地、活动、参与人物等要素，还要能够熟练地掌握一些相关词汇和语言等语言知识。因此，教师在教学中应着重地向学生强调情景的重要性，要求学生切实地掌握所学，真正做到融会贯通之后再进行情景模拟。当学生能够基本完成初始阶段的简单情景模拟练习时，教师可以让学生尝试着进行更高级的情景模拟，这个阶段的学习实际就是让学生对情境进行再次创造和课外诞生。

第四，情景模拟教学中教师与学生的关系。在传统的韩国语教学中，教师是教学的中心，是教学活动的主宰者，学生的主观能动性和语言学习的创造能力被忽视和抑制。而情景模拟教学则是以学生为中心，注重培养学生的跨文化语言交际能力，这种教学方法要求教师除了具备扎实的韩国语知识功底外，还要具备较强的跨文化交际意识。换言之，教师不仅要精通韩国语，还要熟悉韩国语，能够准确地掌握中韩两种语言之间以及两种文化之间的差异，从而才能在教学中及时地发现学生的错误并纠正。需要注意的是，教师应从语言和文化的角度上对学生的自评和互评进行点评和纠错，从而促使学生将所学内化。因而，学生是情景模拟教学的实现者。

第五，韩国语情景模拟教学中的几点问题。相比传统韩国语灌输式的教学方法，韩国语情景模拟教学方法更加科学、实用，同时对参与活动的教师和学生也提出了更高的要求。因而在具体的操作中需要注意几个方面。首先，课堂的情景模拟教学与课后的学习小组活动相结合。在学习情景的创设过程中，教师应掌握每个学生的基本兴趣和发展方向，从而制定情景中的角色。同时教师还要考虑语言文化知识与各成员之前的语言文化储备，让学生在角色互换的过程中相互学习，彼此提升。其次，要提高教师的综合素质。除了要设计出合适的学习情景，教师还需要组织好学生进行生动的情景再现。因而，就要求教师具备较高的专业素质，能够准确地把握课堂节奏，确保韩国语教学的顺利、有效开展。最后，及时反馈情景模拟教学的效果。情景模拟教学不是简单的情景模拟和模仿，而是通过系统科学的规划，将各个环节紧密地串联在一起，以实际教学内容为出发点，通过合适、有效的教学手段引导学生自主学习和探索的教学方法。因此，要求教师以学生的认知水平和素质水平为依据，对教学做适当的调整，同时根据学生给出的教学反馈，对教学做阶段性的评价和总体评价，及时纠正，从而促进教学效果的提升和优质教学的实现。

3.交际式教学法

运用交际式教学法的最终目的在于培养学生的交际能力，这一观点得到了众多教育家与语言学家的肯定。交际式教学法的运用并非表现为单一而固定的模式，除了语言学习过程之外，还涉及语言运用的过程，学生交际能力的获取是语言运用的根本目的。与此同时，从语言功能性理解角度分析，语言的结构性认知还涉及功能和含义的表达，是语言社交功能的集中体现。

（1）交际能力的构成

培养学生的语言交流能力是交际式教学法人才培养的目标所在。在系统化研究之后，语言学家针对学生交际能力的培养分析了教材与教师课堂活动之间的联系，并从这一研究结果实现了对交际能力构成的延伸。从交际能力的研究成果分析，我们将交际式教学法的构成元素划分为实效能力、语言能力、目标能力以及演说能力等内容。由于语言知识与能力培养之间有着明显的相关性，因此，在具体的语言形式方面应当从学生基本的母语规则出发，在实际使用过程中并非需要重点突出对其中注意规则的研究，而是需要以存在的规则为基础实现对学生语言能力的培养，其中就涉及学生对句子结构、词汇拼读以及语法结构等相关内容的学习。

（2）交际式教学法与传统教学法的比较

相较于传统教学方法，交际式教学法的优势在于进一步实现了对语言学习交际目标的明确，在延伸传统教学优势的同时与学生基本学习需求相符。对于教师而言，语言交际观点的形成是语言交际的核心内容，这对于教师用语言课程内容设置以及语言知识的讲授都有积极影响。在交际式教学法的实施中，学生扮演的角色是多种多样的，且在必要的语法练习和活动场景中也能够依据实际学习情况作做出相对应的教学方案整合，有助于在真实的语言场景中培养学生的语言运用意识。

从实践过程不难分析，将交际能力培养视为语言教学的核心目标是交际式教学法较为明显的特征。从这一价值和优势出发，可就交际式教学法的实施完成对应教学方案的构建，这对于满足学生实际学习需求有重要影响。首先，教师自身的交际态度是交际式教学法的核心思想，这就使得教师在课程内容设置方面应当积极与学生自身的需求相联系。其次，提前设计过程中的附加练习和语言的选择也是教师需要考虑的问题，其中就涉及语境和话题的相关内容，这有助于学生对语言知识的理解，是语言和知识结合的重要途径。再次，交际式教学法的使用使学生加深了对语言知识的理解，在单词集合体运用方面也显得较为成熟，在词汇和语法相互运用的过程中促进口头语言与书面语言的相互结合。最后，选择对学生交际能力发展有帮助的教材和适当组织相关的语言交际活动，是提高学生语言交际能力的有效途径。

（3）我国大学韩国语教学中交际法应用

我国高校课程教学的方法选择显得较为多样化，以韩国语教学为例，在交际式教学法正式运用前还有其他的一些教学方法，如阅读法、翻译法以及听说法等。在传统教学方法当中，教材往往是整个教学的基础，而其中主导地位通常由教师占据。应试教育主导下的韩国语教学显然难以与社会文化发展步伐相适应。与此同时，语言习得作为传统教学方法的重心，主要是以词汇、语法和句子学习为主。20世纪80年代，全新教学理念的融入对于高校韩国语教学而言是一次新的教学突破。在交际式教学法教学中，教学的重点不再置于单纯的语言知识学习方面，它还强调学生中心指导下的学生交际能力培养的问题，通过在实际语言场景中培养学生的交际能力实现对传统教学法的补充，这对于学生语言技能的发展大有裨益。

当前，高校外语教学的实施尤其要关注学生语言交际能力的培养问题。在韩国语专业中，针对学生语言应用能力的培养应当更加突出交际能力发展的必要性，这对于外语教学研究有着积极的指导与促进意义。基于这一教学背景，研究者越发意识到交际能力培养对于韩国语教学的重要意义，因而在高校韩国语教学中也逐渐涌现出交际式教学法的身影。

（4）高校韩国语专业教学中交际法的应用反思

第一，教师自身角色转换问题。在传统高校课堂教学中，针对外语知识的讲授一般是以词、语法等结构性知识为主，通过机械性的训练和各种练习达到教学目的。学生在这一过程中的学习行为受到教师的制约，在传统教学方法中学生的角色往往是极其被动的，在教师的指导和控制下获得对应的语言知识，且教师与学生之间的互动相对较少。填鸭式教学方式不仅对韩国语课程教学效果产生了诸多弊端，而且导致课程教学中教师的主导作用过分体现。而在交际式教学法指导下的课程教学在师生关系处理方面则显得截然不同。在交际式教学法的课堂教学中，教师更多地表现为共同参与者和管理者的角色，通过必要的监控和评估措施促进学生知识的获得，这样的指导和控制过程显得较为主动。学生通过自我语言活动的组织和持续的语言训练完成语言交际活动，这对于课堂教学效果提升以及学生交际能力的拓展都有积极的指导和促进作用。

除此之外，教师教学过程中的角色还表现为顾问或是课堂活动的参与者。教师通过对学生客观行为表现做出对应评价达到鼓励学生的目的，这对于学生学习积极性的调动有积极影响，是活跃课堂气氛的有效路径。教师在授课过程中不仅仅表现为单纯的教学内容选取和课程设置与安排，而是从教学活动引导以及课堂活动设计等方面体现自身的指导作用。学生在获得教师传递信息的同时需要完成相关语言信息的搜索，通过文化信息和社会信息的积累，促进语言知识的发展。作为课堂教学的监控者，教师还需要适当监督学生的课堂行为，这并非是对学生错误的直接纠正，否则可能会降低学生学习韩国语课程的兴趣。由此不难分析，交际式教学法在高校韩国语专业课堂教学中的应用所对应的教师角色是多样化的，除了语言呈现者与提供者之外，还应当通过活动组织和教学材料的安排达到预期的管理目的，与此同时还可以从团体活动组织以及活动监督等方面实现对学生学习情况的及时反馈。有学者指出，交际式教学法在高校外语教学中的应用应当尽可能体现教师角色与学生课堂学习之间的关系，通过本族语言，引导学生自我知识的习得，并对学生发音的准确性展开评估，予以适当的纠正。这对课堂活动组织效率的提高有积极影响。

需要注意的是，教师角色的转变应当与对应的教学策略相适应，在具体的教学任务选择与分配方面，教师应当形成自身的教学风格，控制好教学进度，体现自身在课堂教学中的组织者和指导者角色。不可否认，交际式教学法在韩国语专业教学中的应用对教师自身的专业素质提出了更高的要求，教师不仅要熟悉专业知识，还应当从教学方法理论和实践等诸多方面完善课堂教学情景的设置，切实提升韩国语专业课堂的教学质量。

第二，突出学生的课堂主体地位。学生在传统语言课堂教学中的角色往往被定义为被动的知识接受者，在学习方法选择方面显得更为被动，无论是课堂学习中的笔记完成还是对知识的获取，基本是以教师的讲授为标准答案。在固定的教学步骤下依据教师的指导来实施对应的机械化学习，这显然难以调动学生的学习积极性。在韩国语单词记忆方面，单一的学习任务仅仅表现在语法学习和单词记忆方面，学生的学习过程显得过于被动。大学韩国语专业教学中交际式教学法的运用，使得学生的语言学习变得更加独立与积极，学生能够在不同的学习环境下促进交际任务的完成，并在这一过程中获得更多的语言实践机会，从而提高自我语言实践能力。

参与课堂活动的过程中，学生能够依据自身学习需求提出对应的建议，这也是教师需要重点关注的方面，并以此为基础安排学生的学习任务和学习角色。从语言学习的角色划分角度分析，学生学习计划的制定应当以自身的课堂表现为依据，并通过对教学资源的整合达到预期的教学目的。高校韩国语专业学生在教学法的应用方面有着显著的优势，在对应的情境课堂教学中更加有利于语言知识的传播。

第三，灵活运用教材内容。从传统教学过程分析，课本是学生经常使用的学习工具，并且其中大多会涉及词汇和语法点的学习问题，这也是学生感到书本知识索然无味的主要原因。陈旧的知识信息和落后的教学方式使学生的语言知识接受过程显得极为被动，对语言知识的理解也显得不够透彻。一些倡导交际式教学法的学者认为，学生使用的教材应当与学生的实际知识经验相契合。在真实的和生活化的学习经验中做好材料的组织和整理工作，寻找教材所涉及的真实生活素材，并将真实的语言交际情景与语言知识学习过程相结合，这不仅有助于学生对语言知识的理解，也使学生对书面语言材料的运用更加灵活。

第四，精心设计语言交际活动。语言教学的实际效果与课堂活动之间的联系不容忽视。教师在传统教学过程中，通常在词汇及语法教学方面花费了过多的时间，学生的学习过程显得极为被动，相关的语言练习也局限于记忆和阅读活动以及句型练习等方面，鲜少的师生交流使得学生交际能力的发展受到了明显阻碍。交际式教学法在高校韩国语教学中的应用旨在从交际能力及语言习得方面提高学生的语言应用意识，通过信息交换过程促进知识的讲授，其中交际能力及语言学习能力的发展是交际课堂构建的主要原因。信息交换和信息差异是学者在实际应用方面提出的教学任务，这一理论主张通过信息的转换和差异等途径促进学生完成学习任务，一些常用的交际课堂活动类型除了集体讨论和角色扮演之外，还涉及对观点的说明和理由的说明等活动，在辩论或是演讲比赛中促进学生语言交际能力的发展。

交际式教学法，还能够立足于师生关系的处理，在合理的情景设置下促进语言知识的习得。需要注意的是，高校韩国语教学中交际法的实施还应当从学生实际的语言交流方式及语言层次出发，依据学生在交际活动中存在的差异合理设计教学环节。

4.比较式教学法

比较式教学法在高校韩国语专业教学中的应用范围较广，涉及词汇、语音和语法等诸多方面，关于比较式教学法在韩国语教学中的应用如下：

（1）比较式教学法在语音教学方面的应用

作为语言教学的重要基础，语音是韩国语课程学习最为基础的一个部分。然而在传统语音教学中，教师过于重视学生在语音理论知识方面的掌握情况，语音课讲授基本是以辨形与辨音为主，通过一系列练习与比较来指导学生关注不同语音的发音差别，以此为基础辅助韩国语教学的实施。韩国语元音发音时气流在通过口腔的过程中显然不存在阻碍，然而辅音发音过程中气流的通过却是受到阻碍的，因此在整个元音教学中可就发音过程中的嘴唇变化以及舌位前后及高低位置进行调整。

（2）比较式教学法在词汇教学方面的应用

在韩国语词汇教学中运用比较式教学法，不仅能够达到记忆单词和学习单词的目的，且有利于学生韩国语词汇量的扩充，这对于韩国语专业词汇教学质量的巩固有积极的促进作用。

第一，固有词、汉字词和外来词教学。作为一种创制语言，韩国语的特殊性需要从其来源分析。我们将韩国语的来源划分为固有词、汉字词和外来词三个方面。汉字词汇中的 70%为固有词，这是韩国语语言资料结构中的一种基础创制词汇，常见于韩国语对话以及文学作品当中。而汉字词则是从汉语词汇或是韩国语中产生的一种常见的韩国语词汇类型，汉字词的出现常见于杂志或是报纸，汉字词的用量可达到约 50%。外来词则是采用从外国借用的方式延伸而来的一种韩国语词汇，随着外来词发展趋势的兴起，在室外广告和日常生活中的外来词用量在 30%至 50%。由此可见，教师在对韩国语词汇进行讲解的过程中，可通过对相同含义的词汇的对比性讲解，达到扩充学生韩国语词汇量的教学目的。

第二，反义词和近义词教学。韩国语教学也涉及大量意义相近或是意义相反词汇的教学。

第三，多义词教学。所谓多义词是指相同的词汇存在两个或以上不相同的含义，然而其词源方面表现出潜在的联系。一般多义词当中都存在一个本义，其余则表现为引申含义。

（3）比较式教学法在语法教学方面的应用

作为韩国语语言运用衡量的组成部分之一，语法知识的掌握情况直接关系到高校韩国语专业教学的实施效果，是实际运用语言的关键所在。比较式教学法在韩国语语法教学中的应用较为普遍。相较于传统灌输式语法教学模式，比较式教学法的运用更加有利于激发学生的自我思考意识加深学生对语法知识的理解。

第一，语言结构比较。相较于汉语语序，韩国语的基本语序一般为"主语+宾语+谓语"，即所谓的 SOV 结构。

第二，同一语法多种意义比较。这一部分教学可先由教师向学生介绍具体例句，并指导学生观察和分析其中的规律，并以此为基础对语法规则展开归纳，这有利于学生对语法知识的掌握和运用。

从教学实践分析，比较式教学法在高校韩国语教学中的应用较为广泛，从上述例句中我们也不难感受到比较式教学法在韩国语教学中的应用优势，它在突出语言教学实效性的同时，更多地将教学重点置于语言异同的比较方面，这有利于扩散学生的思维、激发学生学习兴趣，从根本上促进韩国语教学质量的提升。

（二）跨文化视域下外语教学方法的内容

1.跨文化课堂教学的特征

（1）挖掘教材中蕴含的人文精神

外语学习并不仅仅是语言的学习，文化知识的学习同样重要，这是因为外语文化背景知识能帮助学生理解语言的语境，使其可以准确理解词汇和句子的含义。在外语学习中，学生经常会遇到这样一种情况，明明文章中的每一个单词都认识，每一个句子也能翻译出来，但是如果从整体上把握文章，学生就非常吃力，这主要是因为学生缺乏必要的文化背景知识。这就给学生提出了新的要求，学生不仅要学习语音、词汇和语法等语言知识，还要对各种文化知识有所了解。只有对文化有清楚的了解，才能感知文章的主要内涵，准确地理解文章的含义。语言是文化的一部分，如果学生只学习外语，而不了解外语背后的文化知识，那么外语学习就只是一种浅层的学习。这就要求教师在课堂上，在分析外语教材的基础上，向学生传授一些与教材相关的文化背景知识，从而帮助学生更好地理解外国的语言与文化。

外语教材收录的内容十分丰富，其并不是简单的一本书，它囊括了不少韩国人文知识，能帮助学生了解地道的韩国文化。教师向学生传授人文知识，不仅是要他们掌握这些知识，更重要的是要让这些知识对学生的价值观、人生观以及世界观的形成，产生积极影响，以使他们可以在社会上生存并发展。

（2）通过鉴赏文学和影视作品培养学生的人文精神

许多文学作品与影视作品中的外语表达恰恰是外语的地道表达，呈现了韩国文化的真实面貌。因此，在跨文化外语教学中，在讲解某一部分内容时，教师可以适当地为学生播放一些与内容相关的经典韩文电影，也可以推荐给学生一些与此相关的经典文学作品。经典的电影与文学作品往往是价值观、人生观和世界观的准确传达途径。

（3）运用教学方法塑造学生的人文品格

教师要变传统教学的以教师为主体的教学方法为以学生为主体的教学方法，并培养学生的自主性学习意识与能力。在这个网络时代，教师要多用微信与学生进行交流，了解学生的人文诉求，这样教师就能根据学生的实际需求来搜寻文化知识。文化知识多多益善，教师可利用网络搜寻文化知识，丰富的文化知识有利于塑造学生的人文品格。

2.跨文化的第二课堂教学

（1）传统"第二课堂"教学的不足

传统外语教学也有"第二课堂"，不过在开展教学的过程中表现出以下五个明显的不足。

第一，传统的"第二课堂"有着丰富多样的形式，但学生的参与性不高，参与人数也就不多。此外，学生学习外语的阶段是固定的，当外语课程结束，学生一般不会主动学习外语，也就是一些外语爱好者还坚持在"第二课堂"学习外语，这导致"第二课堂"的作用并没有真正发挥出来。

第二，无论从学习内容上，还是从活动形式上，传统"第二课堂"外语教学都存在很大的问题，其中最显著的问题就是没有根据学生的水平进行层次性教学。传统"第二课堂"外语教学强调的是学生的共性，因此教师在教学内容、方法的选择上都是统一的，并没有认识到学生之间在学习能力、智力水平等层面的差异，因而过于重视学生的认知发展，忽视了其个性发展，这导致有些学生对外语学习失去了原有的兴趣。第一课堂局限性很多，一般教师无法在课堂上对学生进行差异性教学，所以有些教师转向"第二课堂"，试图通过"第二课堂"来实现差异性教学的目标。但这里需要注意的是，尽管"第二课堂"在形式上已经做出了相应的改变，从表面上看它能满足差异性教学的需要，但从本质上来看，学生学习的主动性并没有因为"第二课堂"而提高。

第三，传统"第二课堂"并没有给学生提供一个轻松的外语学习环境。在应用语言学家看来，学生在外语学习过程中会受到很多因素的影响，心理就是其中不容忽视的一个因素。这就要求外语教师应该为学生提供一个好的学习环境，使其能从心理上愿意学习外语。但是从传统"第二课堂"外语教学的现状来看，教师并未认识到心理因素在外语教学中的重要性，因而一直未能给学生提供一个舒适的学习环境，这让不少学生在课堂上不敢说外语。

第四，传统"第二课堂"外语教学并没有建立起合理的评价体系。现代教育理论已经表明，评价对于改善教学效果具有重要的作用。借助教学评价结果，教师能清楚地掌握自己教学的优势与劣势，同时能对学生的学习情况有所了解，帮助学生制订后续的学习计划。但是需要注意的是，传统"第二课堂"外语教学的评价体系非常不完善，一方面，作为教学的主体，教师没有总结出一套合理的评价标准；另一方面，学生作为教学活动的重要参与者及学习的主体，其无法实现自评，只能从教师与同学那里了解自己的学习情况，这就在很大程度上挫伤了学生的学习积极性。

第五，传统"第二课堂"没有足够的教师，也没有足够的教学经费。大部分外语教师已经习惯了第一课堂外语教学，对"第二课堂"的理论与实践没有过多的了解，以至于许多"第二课堂"外语教学活动因为缺乏了解"第二课堂"的教师而无法开展。此外，"第二课堂"通常是以活动的形式呈现的，然而举办一场外语活动并不是说教师与学生到位即可，其还需要大量的物力与财力投入，这对高校来说是一个非常大的考验，正是因为如此，"第二课堂"的发展受到了一定的阻碍。

（2）跨文化"第二课堂"教学的具体方法

第一，组建各类外语社团或俱乐部。每个高校都会充斥着大量的社团与俱乐部，这里是发挥学生所长的地方，是激发学生主动性、想象力、创造力的场所，是培养学生团队合作意识和协调能力的绝佳平台。社团和俱乐部可围绕某个特定主题开展相应的活动，并聘请外教和骨干外语教师作为特邀嘉宾予以指导。

第二，举办外语文化节。为了让学生更加主动地学习外语，高校可以为学生设立一个外语文化节，同时对学生展开调查，了解学生们喜欢的活动形式，并在节日期间举办多种多样的活动，如外语歌曲比赛、外语电影配音等。在这些活动中，学生是主体，但是高校也不能将所有的活动组织都推给学生，高校以及外语学院有关部门也应该积极参与进来，共同推动外语文化节的举办，这在一定程度上还能拉近教师与学生之间的距离。更重要的是，举办外语文化节可以被当作一种学校文化传统延续下去，长此以往，学生们就会更加乐于学习外语，并认识到外语的魅力。

第三，举办外语竞赛。高校还可以为学生提供多样的竞赛平台，以保证学生可以获得展示自己外语才华的机会。高校举办的竞赛活动形式要多样化，同时举办频率要高一些，这样学生就能有竞赛可参与，其外语水平也能有所保障。外语竞赛活动要注重趣味性，只有这样才能激发学生的参与积极性。

第四，在日常生活中学习外语。外语学习当然要重视理论的学习，毕竟理论知识是学生运用外语的基础与前提，但是与外语基础理论知识教学相比，外语实践教学更加重要。因此，学生要想学好外语，就必须置身在外语文化环境中，从而培养自己的外语应用能力与跨文化交际能力。此外，高校还可以通过设立外语广播站的方式为学生播报外语新闻，让学生学习地道的外语。同时，还可以在校园报告厅中定期放映一些经典外语影片或一些生动有趣的视听材料，让学生领略外语的魅力。

第五，建立基于网络的外语自主学习平台。教育领域的研究内容有很多，而自主学习一直以来都是研究的重点与热点。在课程与教学论领域，自主学习能力被看作是一项教学目标，培养学生的自主学习能力已成为教师的教学任务之一；在学习论领域，自主学习被看作是学习方式的一种，且其与原有的学习方式不同，这种学习方式水平较高，能保证学生学习的质量。

在"第二课堂"中开展自主学习，主要可以通过三种手段进行：①自主学习中心，这是一种比较特殊的教学方式，可促进自主学习与课程相结合。②计算机辅助教学。计算机技术的发展给教育领域带来了巨大变革，外语教学也不例外。外语跨文化教学需要大量的文化资源。利用计算机技术，学生可以自由地从互联网上获取相关资源，并且能对获取的资源进行分析、思考，从而有效地提高其自主学习能力。③串联学习。两个学生之间分别学习对方的语言作品，并对作品进行合理的评价，可以促进彼此的再进步。

随着计算机技术的飞速发展，借助网络能较好地实现学生的自主学习目标。第一，应用计算机技术能为学生创设比较生动的语言环境，传统的跨文化外语课堂比较枯燥，学生一般提不起学习的兴趣。网络以图片、音频与视频的方式给学生带来了丰富的感官刺激，极大地刺激了学生学习外语的积极性。第二，应用计算机技术能将学生的主体地位凸显出来。网络能让不同的学生找到适合自己的学习资料与学习方法，能促进学生个性化学习的实现。

基于网络在跨文化外语教学中的重要性，可以建立一个大学外语自主学习平台，该平台可为学生提供自主学习、交流探讨、教师指导等不同模块。自主学习模块是学生自主完成探究的模块；交流探讨模块是学生与学生之间就某一问题进行探讨的模块；而当学生遇到无法解决的问题时，就可以在教师指导模块上向教师请教。

（三）跨文化视域下的慕课教学传播方法

以慕课为例，对跨文化视域下外语教学方法的传播方法进行分析。慕课的出现对全球教育界产生了巨大影响，并因其具有开放性、资源丰富、不受地域限制等优点吸引了大批学生。但慕课也存在一些不足，如慕课虽然在线注册率高，但应用度较低，且不利于教学质量控制。而教师如何利用慕课资源优势，将其转化为可利用的教学资源，并将其融入课堂教学中来改善和提高教学质量，是教师亟须解决的一个问题。

基于慕课的混合式教学能将面对面的课堂教学和网络学习的优势有机结合起来，实现教学效果的最优化。如何将顶尖的慕课积极而灵活地引入校内本科生和研究生的课程教学中，促进本校教师教学科研水平的提升是值得研究的课题。

混合式教学是教学信息化发展的新阶段，它体现出信息技术从教学辅助向与教学深度融合的发展轨迹。信息技术应用于教育教学最早始于计算机辅助教学（CAI），并且衍生出了计算机辅助学习（CAL）、计算机辅助训练（CAT）、网络教学平台（E-Learning）等概念。信息技术在教学过程中所起的更多是辅助、补充和支持作用。

基于慕课的混合式学习使信息技术在教学中不再仅仅是工具或支撑平台，而是参与对教学思维、教学元素以及完整教学流程的重构。因此，基于慕课的混合式教学对于教学系统设计中的信息技术环境和条件、教学参与者的信息技术素养、教学管理的信息化水平都提出了更高的要求。

具体而言，在信息化教学环境中，需要有稳定的有线网络和无线网络接入，慕课平台所在的云计算服务器需要安装在专业的数据中心机房内，教师和学生应该普及智能手机和笔记本电脑等终端，并能够随时随地稳定快速地接入慕课平台；教师和学生对"互联网+"教育教学以及信息化时代教学有一定程度的认识和理解，能够适应教学流程重构对教师和学生提出的新要求，能够主动调整自己在传统教学和学习模式中的习惯思维和行为，积极融入混合式教学的新模式之中。对教务管理部门而言，在基于慕课的混合式教学的教务管理过程中，必须继续提高管理的信息化水平，努力阻止数据孤岛出现，跨越数字鸿沟，重构教务管理规则和流程，避免传统教务管理中的一些规定和流程原样照搬到混合式教学的管理之中，以免因为生搬硬套而不利于慕课混合式教学的开展。

另外，混合式教学中的教学绩效考核制度和教学质量评价体系也与传统教学评估的指标和模式存在较大的差异，需要教务管理部门与时俱进，研究制定混合式教学的考核和激励机制，从制度上推动基于慕课的混合式教学在学校教学中的应用普及与深入发展。

1.制约慕课教学开展的因素

制约基于慕课的混合式教学在教学中推广应用的因素有很多，其中一个突出的问题是当前的教学现状导致教师对信息化教学改革的积极性和参与度不高，具体的原因包括：当前的职称评定考核以科研学术水平为导向，虽然很多学校也试图通过教师教学能力评比等手段促进教师对教学的重视，但总体而言，当前教师对教学的重视程度普遍不足；部分教师的教学内容和教学形式非常固化，课堂教学基本就是通过PPT和投影照本宣科；部分教师内心抵触慕课等教学信息化发展带来的教学流程重构，以维持现状作为教学工作的主要诉求，几乎没有任何的教改积极性。

以上这些问题往往会与慕课平台的技术问题、网络问题、教务管理制度问题、师生信息技术素养问题等交织在一起，使得基于慕课的混合式教学在推行时面临复杂的问题和挑战，这就需要教务管理部门、教学研究部门、教学单位、信息技术部门等单位紧密合作、形成合力、逐一梳理，才有可能逐步解决上述问题。

2.慕课教学参与者信息技术素养的要求

基于慕课的混合式教学与传统的网络教学辅助平台应用最大的区别是，基于网络平台的教学主干流程替代了传统的以课堂教学为主干的教学流程，网络应用已经由课外的辅助应用变成了贯穿混合教学流程始终的主线。因此，在基于慕课的教学系统中，对慕课平台和网络环境等技术支撑环境以及对所有教学参与者的信息技术素养的要求，都比以往的传统网络辅助教学提高了一个甚至若干个层次。因为对网络化教与学的需求已经由可选的、弹性的需求变成了必需的、刚性的需求，这对所有教学参与者的信息技术素养都提出了更高的要求，也是所有教学参与者在慕课时代面临的重大挑战。因此，在实施基于慕课的混合教学之前有必要对所有教学参与者进行相应的信息技术强化培训，并且建立系统的信息化教学运维支撑体系，在教学过程中持续地为师生提供技术支持服务，从而提升师生的信息技术素养。

基于慕课的混合式教学所必需的信息技术素养至少包括：熟练使用各种终端访问慕课平台，包括学校教学环境中的教室电脑和公共机房电脑，以及个人的笔记本电脑、平板电脑、手机等移动终端；学习并掌握与互联网相关的法律法规，具备网络安全意识，在基于网络的学习过程中注意保护个人账号和数据，同时不要在教学和学习过程中发布违反法律法规的内容和信息；掌握一些基本的网络技术，包括各种环境内的网络接入，如学校的校园网认证上网和 Wi-Fi（Wi-Fi 是一种允许电子设备连接到一个无线局域网的技术）接入、家中的宽带接入、运营商的移动网络接入等，并能够对网络故障进行一些基础的简单调试。例如，查看操作系统的网络连接属性、查看是否获得了正确的 IP 地址，能够通过 ping 命令和网速测试软件判断网络是否畅通、是否稳定等；在自己的个人电脑和移动终端中确保系统安全，坚持使用正版软件并保持更新，避免使用可能包含木马的盗版软件，随时保持操作系统自动更新并定期手动检查，在系统中安装安全防护软件并定期扫描等；理解当前互联网的主流已经从传统基于 PC 网页浏览器的网页全面过渡到基于跨平台、响应式、多终端兼容的移动网页，避免使用老式的、长期不更新的浏览器；掌握一些基础的互联网内容和资源开发技术，了解网页的构成元素，清楚适合在互联网中传播的媒体格式，能够个人录制一些微课作为慕课课程的补充内容，真正实现混合式教学的意义和价值。

3.慕课教学不等于慕课平台

在基于慕课的混合式教学模式的应用过程中，很多学校常见的一个认识误区是将慕课教学模式等同于某一个慕课平台，这种认识完全曲解了慕课教学模式存在的目的和意义。诚然，一个稳定、可靠、资源丰富的慕课平台是开展慕课混合式教学的基础，但换一个角度思考可以很容易得出结论：慕课是一种新型的教学模式，并不是一个特定的课程平台或软件，应该从更高层次进行教学模式设计。换言之，应该先根据教学目标来确立慕课混合式教学的思路和模式，再来寻找和组织合适的慕课资源应用于教学，而不是围绕一个特定的慕课平台软件来进行教学设计，将对特定平台或软件的使用等同于慕课教学。

即使没有现成的慕课平台，慕课混合式教学也应该可以通过教师搜索、选取互联网资源或自己录制课程视频的方式开展。因此，对慕课混合式教学的正确认识和教师提高教学质量与效率的内驱力才是推动慕课教学的核心因素。在此基础之上，学校只有积极完善外部环境和条件，多方并举，多管齐下，才有可能形成合力，促使慕课混合式教学顺利施行。

4.慕课混合式教学的目的与意义

时刻保持对混合式教学目标的清醒认识，是确保慕课混合式教学按照教学规律顺利推进和发展的重要前提。目前一些学校在引入混合式教学的过程中或多或少都有追新、赶潮流的跟风心理，但不管出发点如何，都应该时刻反思慕课混合式教学的作用和意义，一切以提高教学质量这个根本目的为核心，积极整合各种资源为教学服务。

具体而言，慕课能为学生提供了优质的学习资源，这对帮助学生掌握学科课程知识、扩展学生的视野有帮助。同时，慕课混合式教学模式通过信息化、网络化的软件平台和工具提高了教学管理与教务数据处理统计的效率。总而言之，就是将教师从循环往复的机械性教学流程中解脱出来，给予教师更多的时间与空间来组织更加深入、更加丰富的教学内容。在教学效率提高后，节省出来的时间用来干什么，应该是每一名参与慕课混合式教学的教师都应该思考的问题。

自古以来，我国的传统教育理念就强调"因材施教"的重要性，"因材施教"的核心思想就是承认并正视学生的差异性，在教学过程中根据不同学生的特点有针对性地进行教学，最终的目的是启迪学生，充分发挥学生的潜力。"因材施教"理念的提出已有上千年的历史，道理也非常简单，但在传统教学中却依旧很难实施，特别是在当今教育规模飞速扩大的时代，教师完成讲授式课堂教学，再做一些作业和试卷批改，最后完成成绩统计上报等教务工作，基本就占用了全部的教学工作时间，几乎没有因材施教的条件。因此，推行慕课混合式教学是在信息时代实施因材施教的重要途径，教师从机械重复的教学工作中解脱出来所节省的时间和精力，完全可以充分投入因材施教的差异化教学工作之中，这在高等教育，特别是在通识教育课程中就显得更为重要。

学生，特别是需要学习通识教育课程的低年级学生，正处于从基础教育阶段的应试教育思维向高等教育阶段的实践思维、批判性思维、创新性思维过渡的关键阶段，通识教育课程的选课学生往往来自不同的学院和专业，文理科专业背景也不同，知识结构和学习能力差异也很大，这就更需要教师根据学生的专业背景和知识结构对学生分门别类、有针对性地设计教学内容，布置相应的学习任务。在分类教学的基础上，还可以给予学生更多的人文关怀，根据学生的个体特点，一对一地进行在线或面对面的教学辅导。

需要注意的是，慕课混合式教学模式通过提高教学效率节省出的教学劳动时间，仅仅是为提高教学质量和精细度提供了一种可能性，具体能否真正起到实效，还要看学校和教师是否都有充分的认识并付诸行动。只有教师能够潜心教学，追求教学质量的提升，校方能够积极创造保障条件支持教师投入教学，多方形成合力才能产生效果。

5.慕课与"仪式化"的课堂教学

基于慕课的混合式教学如果能够顺利应用在日常教学中，对于教师教学和学生学习而言，都将是时间和空间上的极大解放。学生学习拥有了更大的自主性，教师也可以腾出更多的时间和精力进一步充实教学内容，对学生进行更多的个性化教学。教师的教学活动和学生的学习活动不再是以课堂为中心，这是对传统课堂教学模式的重大翻转与重构，所有混合式教学的参与者，包括教师、学生、教学管理者等都应该直面并接受这种教学模式的变化。

对慕课混合式教学的一个常见认识误区是，试图将课堂教学模式的流程和要求原样照搬到网络学习空间中。但是，在学生步入成年的阶段仍然一味强调课堂教学的"仪式感"，往往适得其反，难以调动学生的学习积极性。因此，如何在慕课混合式教学设计中合理安排教学内容，设计能够充分调动学生参与度的课堂教学或实验实训形式，是每位慕课混合式教学工作者都应认真思考的问题。

无论哪一个门类的课程，线下课堂教学或者说是线下教学活动的设计，都应该明晰的一个思路和目标就是活动的"精品化"。换言之，应发挥"仪式化"教学中的优点，通过设计和组织内容丰富，参与感强，令学生印象深刻的线下教学活动，使"仪式化"教学在时间和次数上压编、精简，在内容和过程上提高质量，最终实现具有"精品仪式化"特点的线下教学活动。从而弥补纯线上慕课学习在人际沟通、交流、互动方面的不足，同时又可避免过多平淡的、千篇一律的、缺乏设计的"仪式化"课堂教学使学生觉得枯燥乏味。

6.慕课混合式教学常见的误区

慕课的出现和发展与以往的一些信息技术对教学的影响有着很大的区别。在过去电视、电脑、多媒体、互联网等信息技术产生并进入教学领域时，教育界对其都有或多或少的顾忌和争议，但从来没有像当前慕课的出现一样引起轩然大波。教师对慕课的看法和观点出现了两极分化，除一部分教师认为慕课可以提高教学质量和效率，因而主动接受、参与并开展基于慕课的教学外，还有相当数量的教师对慕课抱有负面的看法和抵触的情绪，甚至在一定程度上对慕课产生了恐慌和焦虑。这些恐慌和焦虑一方面源于对慕课的误解和片面的认识；另一方面源于对慕课的抵触心理面积的扩大。具体而言，对慕课常见的认识误区包括以下方面：

（1）替代论

替代论是一种非常有代表性的论调，随着当前智能化设备的快速发展，很多传统的手工劳动正在被智能设备取代。人工智能和大数据技术的发展，又对很多传统的脑力劳动造成了较大的冲击。因此，"慕课将取代大部分的教师"这种论调在一部分教师之中很有市场，使得很多并没有认真认识、思考慕课的教师先入为主地接受了这种替代论的观点，从而加深了对慕课的误解和忧虑。

替代论的出现有着深刻的内在原因，那就是的确有相当一部分教师的日常教学工作的实质是机械性地照本宣科。这种层次的教师的确会受到相当大的冲击，然而这种恐慌和危机感并不是慕课带来的，而是由这些教师自身教学中存在问题导致的。即使没有慕课出现，照本宣科式的课堂教学也是不受学生欢迎，不被社会所认可的。长期来看，这样的课堂教学是难以持续的，慕课的出现只是进一步暴露了这些教学顽疾。

然而教师恰恰是最难以被人工智能取代的职业，因为真正能够指点和启迪学生思维的教师，从事的应该是对学生的创造力和创新思维的培养，这完全不会是机械性地重复劳动。因此，教师要跳出替代论的认识误区。一方面，需要向相关教师普及慕课的概念与机制，宣传慕课的积极作用与价值；另一方面，也要通过慕课的应用来督促教师正视教学工作，转变教学态度，提高职业素养。

（2）助教论

持助教论论调的人们主张，开展基于慕课的教学，将使自己从教师沦为助教，自己的教学主导性将无法得以体现，最终导致自己被边缘化。助教论主要存在于专业课教师之中，因为在基础教育的学校中，教师往往在教育局和学校教研室的指导之下，按照相对统一的标准开展教学。而在高等教育中，除了公共教学课程的统一度较高外，绝大多数的课程均以任课教师为主进行教学，这种以教师为中心的教学模式使得很多教师片面地认为，慕课混合式教学的实施会使教师的地位发生动摇，从而产生心理上的落差。

综上所述，助教论的实质是替代论的一种变形，归根结底还是认为慕课将替代教师。但如果换一个角度思考，只要教师能够从教学目的和目标的角度看待问题，这种所谓教师被边缘化的情况并不存在。另外，慕课课程资源中的内容不能完全满足本校教学的需求，教师需要补充教学内容，并且需要在教学过程中持续对学生进行个性化的辅导。因此，教师的作用并没有被削弱，从某种意义上来看，教师的作用还得到了强化，解决了传统教学中的一些弊端。也就是说，慕课混合教学最终的模式应该是"以学生为中心，以教师为主导"。

（3）费事论

部分教师认为推行慕课混合式教学改变了教师习以为常的教学方式，增加了教师的工作量，内心对慕课相当抵触。这部分教师的心态主要源于两个方面的因素：一是认为校方对于教师开展慕课教学增加的工作量应该予以经济补偿；二是对慕课混合式教学的工作量投入存在误解。从短期来看，教师刚进行慕课混合式教学时需要投入的时间和精力与传统教学相比可能会成倍地增加。但在经过一轮或一个学期的教学后，混合式教学模式基本建立，教学模式已经可以稳定地运行，这时教师的工作量会大幅下降。所以从长远来看，慕课混合式教学能够帮助教师大幅度提高教学效率，至于教师要求的经济待遇问题，则需要校方从多个方面予以解决。总体而言，应该既有鼓励措施，又有惩罚措施，只有多管齐下才有可能解决教师的诉求。

（4）省事论

部分教师对慕课持非常乐观的态度，原因是他们认为慕课可以极大地减少教师的教学工作量，可以腾出大量时间去做一些"自己的事情"，这种想法的实质是部分教师认为，采用慕课教学后，教师可以不再讲课，甚至可以不再关注教学工作，这其实是非常值得商榷的，或者说是非常危险的。因为教师的天职就是教学，如果不能长期坚持这一主业，最终的结果仍然是难免被边缘化。所以，省事论看似是对慕课持支持的态度，实质还是一种替代论，如果坚持这种观点的话，最终还是要走向慕课的对立面。

（5）无关论

与以上一些态度鲜明的观点相比，更多的教师其实对慕课并没有太多的认识和看法，这部分教师作为"沉默的大多数"几乎没有意识去了解和思考慕课的意义和影响，更多的是抱有一种"以不变应万变"的心态，在教学中继续延续自己习惯的教学方式。对于慕课混合式教学改革而言，能够让更多教师理解并融入新的教学模式才是工作重点。因此，各个学校应该加强对慕课的宣传普及，并结合本校实际情况尽快出台一些鼓励支持政策，吸引这部分对慕课缺乏了解的教师去认识慕课、理解慕课、运用慕课，从而让教学改革全面展开并健康发展。

7.慕课混合式教学技术支持的要素

基于慕课的混合式教学在学校的实施是一个复杂的系统工程，因此需要教务管理部门、教学单位、信息技术部门等各方密切配合才能顺利开展，在此过程中各方参与者既要分工，更要合作，但无论面临哪些具体工作，有一个原则必须自始至终全程遵循，那就是必须将固定的、机械的、重复的工作流程程序化，并通过计算机执行。而教学过程的所有参与者，也就是人，应该去做复杂的、创新的、迁移变化的工作。具体而言，在基于慕课的混合式教学中，有两项必备的系统功能需要从技术平台构建时就予以解决，否则会严重影响后期慕课混合式教学的正常开展。

（1）统一认证接口

慕课教学平台的基础数据是所有教学参与者的账号和信息，因此慕课教学平台需要保证所有教师、学生、助教能够顺利无障碍地登录慕课平台，而且必须避免在慕课平台中出现新的"数据孤岛"。也就是说，慕课平台的用户数据库不应该是独立运行的，必须通过统一认证接口与学校已有的教务管理系统或一卡通系统对接，确保任何教师和学生不因账号问题影响对慕课教学平台的访问。

（2）通用数据接口

在校园信息化系统的构建和整合过程中，每个学校都应该把通用数据接口作为一个核心的刚性功能，确保不同的信息系统间能够无障碍、实时、自动同步数据，从而彻底打通校园内的各个数据孤岛，确保教学和教务管理工作顺利进行。不能因为数据问题影响慕课混合式教学的开展，让教师的精力与时间专注在教学内容的组织和设计上，而不是浪费时间去手工处理本应由计算机系统自动完成的数据同步问题。通用数据接口不是简单地开放数据库的远程访问接口，而是应该设计并实现一个通用的数据协议格式标准，其实质是对数据库中的数据进行提取和抽象表达，这样可以避免不同的系统由于数据库类型不同造成不兼容问题。通过对数据和字段的读/写权限划分，可以确保各信息系统的相对独立，从而显著提高系统的安全性。

简而言之，通用数据接口就是不同信息系统间的一个中间件，各系统都用约定的协议对授权的外部系统提供约定格式的数据，各系统在读取外部系统提供的数据之后，解析并写入自身内部数据库。

其实，即使具备手工的导出/导入功能，数据孤岛仍然存在。真正消除数据孤岛的方法应该是实现自动实时同步的数据接口，用地理孤岛来类比，即使孤岛与大陆间有定期往返的渡轮，仍然改变不了孤岛的性质，因为渡轮无法保证实时的、双向的运输（数据同步），只有在大陆和孤岛间修建跨海大桥或海底隧道（数据接口），才是彻底消除了孤岛效应。通用数据接口的作用在于自动同步教务系统中的学生名单、教师名单、课程名单等数据，并将慕课教学过程中产生的形成性评价和终结性评价数据推送回教务管理系统，最终完成学分认定，全程避免无谓的手工操作，有效提高教学和管理效率。

8.慕课混合式教学的应用标准

要想推进基于慕课混合式教学的应用与发展，需要建立全方位的保障体系。除了学分政策、技术平台、网络环境、教学设施设备等保障措施外，还需要重点考虑建立鼓励教师参与混合式教学的配套激励政策。实践经验表明，对所谓的激励政策更确切的表述应该是混合式教学工作考评机制。学校不能片面地强调激励，而应该以教师教学理念的转变为目标，多管齐下地促使教师的教学理念和教学模式发生转变。

另外，校方也应该对主动接受慕课教学模式、积极开展慕课混合式教学的教师及时给予工作量认定和多层面的鼓励，以免出现教师的积极性受到打击的状况。

当前对于开展基于慕课的混合式教学的一个常见的错误认识是，慕课混合式教学前期必须进行大量的经费投入才能开展。这种错误观念非常容易导致一些起点较低的学校贻误发展时机。诚然，构建完整的慕课混合式教学需要先期建立完善的信息化教学环境，包括校园网网络、云计算数据中心、慕课平台、课程资源和电脑教室等，每一项都需要巨额的投入，使得开展慕课教学的门槛看似很高，让很多学校望而却步。

然而，慕课教学的门槛也可以极低，甚至可以说人人皆可参与。因为从慕课诞生的那天起，就一直存在两种发展路线：一种是以大型慕课平台为代表的高等教育学历学分认定体系，另一种是以可汗学院为代表的教学资源共享体系。可汗学院体现了慕课开放、共享、普惠的核心价值，是典型的"草根"路线代表。其创始人可汗甚至不是专职教师，他的初衷只是把自己的学习经验通过电脑录屏视频的形式上传到视频网站分享给所有网友，直到这种形式在网民中引起了巨大反响，互联网巨头才注资将其包装为一个专门的慕课平台。

所以，当前任何学校无论其信息化教学条件如何，都可以通过可汗学院的模式进行基于慕课的混合式教学。教师和学生可以直接访问互联网慕课平台的资源，教师可以用一些简单的设备和工具，比如手机、摄像头、Camtasia 录屏软件等录制自己的授课视频，再将视频上传到优酷等开放的视频网站，并利用腾讯 QQ、微信等免费的实时通信工具与学生进行线上的教学交互。简而言之，慕课是一种教学思维与理念，并不等同于昂贵的设备和软件平台，只要学校和教师真正有开展慕课教学的意愿，随时都能够低成本、低门槛地迈出第一步。如果举步不前，一味等待资金投入，那么必将丧失发展良机，与先期已经开展慕课教学的学校的差距只会越拉越大。

第二节　跨文化视域下的外语翻译与人才培养

一、跨文化视域下外语翻译教学的理论支撑

（一）跨文化视域下的翻译界定

1.我国对翻译的界定

现代学者对翻译及相关概念有不同的解读，主要包括以下方面：

（1）文学翻译就是用一种语言将原作的艺术意境准确地传达出来的过程，使读者在阅读译文时跟本族语者感受本族文化一样，能得到很大的启发，并会受到同样的感动与美的享受。

（2）翻译是用一种语言把另一种语言所表达的思维内容，准确且完整地重新复述出来的活动。

（3）翻译是两个语言社会之间的交际过程和交际工具，其目的是促进本语言社会的经济和文化进步，它的任务是要把原作中包含的现实世界的逻辑映像或艺术映像，完好无损地从一种语言移注到另一种语言中去。简单地说，翻译是一种跨语言、跨社会的特殊文化活动。

2.国外对翻译的界定

国外对翻译的界定主要有以下观点：

（1）翻译就是尽量在保存原意的基础上将一种语言译成另一种语言。

（2）翻译需要用最贴近、最自然的等值体来复制出源语的信息，其中意义

是第一位的，而风格是第二位的，这是从意义的层面来对翻译下的定义，翻译的对象就是意义。

（3）在任何情况下，译文都应该被认为是一种目的语文化中的目的语文本，这是从目的语文本的角度来阐释翻译这一定义的，而且它将翻译纳入目的语文化的范畴之内。

综上所述，翻译不仅是一门科学，更是一门艺术，因为它有着自己的一套理论体系和规律。另外，翻译与其他学科有着密切的联系，这展现出了翻译这门学科的博大精深。

（二）跨文化视域下外语翻译的原则

外语翻译教学的原则是依据大学生外语教育的主要任务及其客观规律，在总结实践经验的基础上形成的实施外语教学必须遵循的重要准则。它是外语教学客观规律的反映，并贯穿于外语教学的全过程，它是制定教育目标、安排教育内容、选择教育方法和确立教育关系必须遵循的基本要求。正确地掌握与科学地运用这些基本原则，是科学确定教育内容，选择正确教育方法，提高教育的吸引力、感染力、针对性和实效性，实现大学生外语教学目标的前提与保证。

1.主体性原则

主体性原则是指在开展外语教学活动时，应充分尊重受教育者的主体地位，注重调动其自我教育的积极性和主动性，以实现外语教学目标的行为准则。一般来讲，在外语教学过程中，教育者是教育主体，受教育者是教育客体。但受教育者并不是被动地接受教育影响，他们在接受教育影响的同时也在不断地进行着自我教育，在教育过程中发挥着重要作用。外语教学对受教育者的教育影响只有通过他们自身积极主动地接受并内化，才能真正起作用。另外，受教育者的主体能动性是影响外语教学效果的一个极其重要的因素。

2.层次性原则

层次性原则是指教育者应从实际出发，承认差异，根据教育对象不同的思想情况，区别对待，因材施教，分层次进行教育。层次性原则的基本精神就是既鼓励先进，又照顾多数，将两者有机结合起来。

就外语教学的实践而言，受教育者能力和素养所表现出来的层次性，决定了我们在外语教学中必须坚持层次性原则。只有坚持层次性原则，对受教育者因材施教，才能使受教育者在达到基本目标的同时，个性、兴趣、爱好都能得到和谐发展，从而使各种创造性人才脱颖而出，满足我国社会主义现代化建设事业对人才多方面的要求。

3.开放性原则

开放是相对封闭而言的，开放性原则就是在开放的形势下，利用各种有利的条件、有利的时机，去研究和推动事物的发展。在现今高速发展的信息时代，开放性是整个社会的重要特点，国家的发展和各项工作的开展都必须考虑这个特点。

外语教学的开放性原则是指在外语教学过程中必须与外界保持密切的、全方位的联系，要多渠道、多形式、多层次、多方面地获取信息，把握信息，紧跟时代潮流，在一个开放的系统中进行外语教学。我们应当通过比较发现国外值得学习的方法，充分吸取其中的有益成分，借鉴和开拓外语教学的方法，增强教育方法的开放性。

4.激励性原则

激励性原则是指外语教学者运用各种激励手段，对教学对象施加外在刺激，以引起他们心理和思想的变化，使其产生教师所期望的学习行为反应，从而实现外语教学目标的行为准则。

激励包括物质激励和精神激励，激励的形式包括正激励和负激励。正激励是指奖励，即对人们良好行为及其后果的积极肯定，以促使人们保持和增强这种行为，从而强化人们的良好动机；负激励是指惩罚，即对人们不良或不正确行为及其后果的一种否定，以促使人们中止并转变不良行为，使其原有的行为动机消退，并警示他人，引导人们朝着社会要求的目标迈进。可见，坚持运用激励性原则对教学对象的行为及其动机进行调节，对做好外语教学工作、帮助教学对象形成良好的外语学习习惯具有重要意义。

5.真实性原则

言语活动是交际双方理解和建构话语的过程，通过具有一定信息差的言语活动任务，可以唤起学生的好奇心和强烈的求知欲，促使他们更积极地进行话语理解和建构。认知心理学认为，如果输入到大脑的信息具有一定的趣味性、实用性或与日常生活经验结合紧密，那么当它到达大脑时，人便会产生兴奋的情感，输出活跃的思想与行为。真实、活泼、生动的学习情境有助于学生快速理解接收到的信息，并能激活思维，激发主动探索、建构传递信息的愿望。在言语活动中进行外语教学时，教师可以将外语学习与实际生活真实地结合起来，反复在不同的语境中凸显某一特定语言形式，提出高标准的语言要求，激活学生的语法能力，而不仅仅是词汇能力。教师可以在外语教学中要设计一系列的教学活动，积极创造适宜的学习活动环境，对某一语法点，要不断变化其出现的上下文和实际生活场景。

6.交际性原则

社会语言学家认为，语言的功能是交际。一个人要能够真正地运用语言进行交际，除了必须具备合乎语法的句子的语言能力之外，他还必须具备在什么场合、对谁、用哪种方式以及说哪些内容的能力，也就是交际能力。这一理论明确了语言能力和交际能力的关系。交际能力包括语言能力，语言能力是交际能力的基础，没有一定的语言知识，语言运用就成了无源之水。外语教学的目的是培养学生的交际能力。但事实上，学生往往难以把外语知识的掌握与实际言语使用相结合，难以从抽象走向具体，从而导致学与用产生严重脱节。为此，我们要变传统的外语知识体系为外语知识应用体系，应把外语的学习看成是积极的使用过程，要力求准确和熟练，要多进行言语实践，在实践中巩固，从实践中发现问题、纠正错误，语法知识、语言规则的掌握要与语言点的实际使用紧密结合。

只有通过对一门语言的使用才能掌握这门语言。语言是在使用中获得的，不宜将语言的使用和语言的学习完全割裂开来。学生必须多练，在不同的情境中反复使用语言。

二、跨文化视域下外语翻译教学的跨文化意识

跨文化意识指的是理解和承认文化差异的能力。跨文化意识是跨文化交际中认知方面的问题，指的是对影响人们思维与行动的文化习惯的理解。跨文化意识要求人们认识到自己具有文化属性，也要基于同样的认识去探寻其他文化的突出特征。由于每一种文化都有其独特的思维方式，不同文化之间的差异往往会为跨文化交际制造障碍。

相应地在交际活动中，跨文化意识就是指对不同文化间存在的差异有较深的理解和认识。具有跨文化意识的人有着较强的文化敏感性，即能够敏锐地感觉到并客观地观察、评估和理解不同文化间的差异，包括细微的差异。换言之，跨文化意识是指学生对于其所学的外语文化具有较好的知识掌握能力和较强的适应能力与交际能力，能像译入语读者的思维一样思考问题并做出反应以及进行各种交往活动。从翻译的角度看，跨文化意识指在语际交流中，译者自觉或不自觉地形成的一种认知标准和调节方法，或者说它是指译者所持有的思维方法、判断能力以及对文化因素的敏感性。

（一）外语翻译教学跨文化意识的影响因素

文化是翻译过程中必然会面临的难题。由于文化与语言密不可分，作为跨文化交际的桥梁，翻译活动不仅是语言文字的转换活动，更是不同文化间相互沟通和移植活动。翻译所涉及的不仅是两种语言，更涉及两种文化。缺乏跨文化意识必然会引起文化误解，甚至文化冲突，导致跨文化交际不能顺利进行。因此，要更深刻、更贴切地传递原文的内在信息，译者必须探明双语的文化特征及其差异，并将双语的文化内涵恰当地"对接"起来，真实地再现原文的面貌。就翻译而言，文化障碍即文化差异，主要体现在以下方面：

1.地域文化与翻译

地域文化指的是根据所处地域、自然条件和地理环境所形成的文化。在这

些因素中，自然地理环境是造成文化差异的直接因素。山川、海洋、沙漠等天然屏障阻碍了不同民族间的文化传播和交流，客观上为不同民族文化的个性发展提供了机会。主要表现在不同地区的民族对同一现象或事物采用不同的语言表达形式。

2.历史文化与翻译

历史文化指的是由特殊的历史发展进程和社会演变积淀成的人类文明。由于各个民族和国家的社会历史发展不尽相同，有时甚至差异巨大，因而形成的历史文化也往往大相径庭。这种历史文化的差异阻碍了语际转换的信息通道。差异越大，其间的鸿沟越难逾越。

3.习俗文化与翻译

习俗文化指的是贯穿于日常生活中的各种民俗习惯所形成的文化，不同的民族在打招呼、称谓、致谢、道歉、告别、约会等方面往往会表现出不同的民族文化规约和习俗。

综上所述，由于文化存在差异的原因，在一种文化里不言而喻的东西，在另一种文化里却要花费很大力气来解释。更为重要的是，初涉翻译者往往意识不到这种差异的隐蔽性，从而使译文不能很好地传达原文的思想风貌，给不谙源语文化的译入语读者带来理解上的障碍，甚至产生误解。所以，译者不仅要熟练掌握双语，更要做一个真正意义上熟悉双语文化的人，培养从文化差异看待翻译活动的意识，从而沿着正确的方向努力提高翻译能力。

（二）外语翻译教学跨文化意识的培养

1.跨文化意识培养的必要性

由于语言与文化之间的特殊关系逐渐为人们所认识，对翻译教学过程中文化导入的重要性认识已成为一个不容争议的论题。因此，争议的焦点并不是翻译教学中要不要教文化，而是教的内容是什么和怎样教的问题了。目前，人们对翻译教学中文化导入的必要性和重要意义所达成的共识包括：

（1）文化知识和文化适应能力是交际能力的重要组成部分

海姆斯交际能力的四个重要参数——合语法性、适合性、得体性和实际操作性，其中适合性和得体性就与语言使用者的社会文化能力密切相关。

（2）具备一定的语言交际能力实际上是学生进一步获得文化知识的前提。外语学习的最终目的是获得进一步学习外国文化的能力。因此，在外语学习初级阶段，除去与所学语言内容密切相关的文化项目外，教师还应适当导入一些外语社团的文化内容，这样不但可以提高学生的学习兴趣，还可以满足学生调整自身知识结构的需要，为今后进一步的文化学习和专题研究打下基础。

（3）为了帮助部分有明确职业选择方向的学生适应职业岗位的要求，如翻译、外事旅游接待、宾馆服务等，教师需要把某些外族文化项目加入教学内容，如饮食习惯、风俗礼仪等。

2.跨文化意识的培养原则

在外语基础教学阶段，对文化内容的导入必须遵循以下几个原则：实用性原则、阶段性原则、适合性原则。

（1）实用性原则

实用性原则要求教师在课堂上导入的文化内容需要与学生所学的语言内容密切相关，与日常交际所涉及的主要方面密切相关，同时也应考虑到学生今后所从事的职业性质等因素。这样才能既不会使学生认为语言与文化的关系过于抽象、空洞和捉摸不定，还能使文化教学紧密结合语言交际实践，可以激发学生学习语言和文化两者的兴趣，产生较好的良性循环效应。

（2）阶段性原则

阶段性原则实际上就是要求文化内容的导入应遵循循序渐进的原则，根据学生的语言水平、接受和领悟能力，确定文化教学的内容，由浅入深，由简单到复杂，由现象到本质。同时，在贯彻阶段性原则时，还必须注意文化内容本身的内部层次性和一致性，不至于使教学内容显得过于零碎。词语文化与话语文化相比，话语文化所涉及的因素往往要比词语文化复杂，但词语文化内部也有非常复杂的情况，涉及文化的各个方面。因此，教师在安排教学内容时要充分考虑多方面的因素，做出合适的选择。

（3）适合性原则

所谓适合，主要指在教学的内容和教学的方法上的适度。教学内容的适度除了以上提到的实用性原则和阶段性原则这两个原则外，还应该考虑该文化项目的代表性问题。属于主流文化的内容，有广泛代表性的内容，教师就应该详细讲解、反复操练、举一反三。同时，还应该正确处理好文化内容的历时性和共时性之间的关系。重点应在共时文化上（主要是当代文化上），适当引入一些历时的内容，以利于学生了解某些文化习俗和传统的来龙去脉等。教学方法上的适度，就是要正确协调好教师讲解和学生自学的关系。文化内容广泛而又复杂，教师的讲解毕竟是有选择的、有限的。因此，教师应该鼓励学生进行大量的课外阅读和实践，增加文化知识积累，教师应该成为学生课外文化内容学习的组织者和指导者。

三、跨文化视域下外语语言翻译的人才培养

（一）外语语言翻译人才培养的理论

我国设立韩国语专业的高校仅有百余所，且韩国语教育教学历史背景都不长，存在教材与制度的不完善、教学经验不足等问题。中韩翻译的理论教学都是以中韩翻译教材为基础的，目前各大高校使用的教材为《汉朝翻译理论和技巧》《中韩翻译技巧》《韩国语口译教程》《中韩互译教程》《韩中翻译教程》等，部分高校还会开设基础韩国语、中级韩国语、韩国语会话、韩国语听力、翻译技巧、经贸韩国语、韩国概况以及应用文写作等专业课程。另外，学生可以根据自己的兴趣选修交际语言学、韩国文化、韩国艺术等专业选修课。由于理论性教材所能提供的知识较为有限，担任翻译课程教学的教师应根据自己的社会翻译经验，在互联网上下载有利于学生提高翻译水平的学习资料与翻译练习题，帮助学生更加系统、科学地学习中韩翻译知识。

（二）外语语言翻译人才培养的路径

中韩两国自建交以来，在各领域都有着频繁的交流，因此培养沟通两国语言的翻译人才非常重要。因此，应根据中韩语言交流的发展现状，理论、口语、应用等方面，积极创设有利于韩国语言交流的环境，帮助学生提高中韩语言翻译水平。

有了中韩语言翻译的理论知识为基础，教师应制订口语翻译的教学计划，针对口语的翻译进行训练，以提高学生的韩国语口语表达水平，为未来进行流利的翻译打下坚实的基础。教材中的场景也可以由学生进行角色扮演，相互对话、相互翻译，锻炼学生场景化地学习韩国语翻译，为以后的现场翻译奠定基础。学校也可以邀请经验丰富的专业翻译人士开展课堂讲座，现场讲解口语的翻译方法与技巧，并说明每一种方法与技巧的优缺点，使学生的韩国语翻译学习得到多元化、多渠道提升，拓宽学生的知识面，使其学习到在课堂上学不到的知识。这不但是对课堂理论知识的巩固，而且是对学生学习韩国语翻译知识的有效补充与加强。听、说结合在韩国语学习中的是非常重要的，只有高效率地听，才能形成高质量地说。听是学习开口说韩国语的第一步、是理解和吸收韩国语语言信息的手段。听和读是输入，只有达到足够的输入量，才能保证学生具有较好的说的能力。因此，大量的听力练习是学生获得语感以及学会正确使用韩国语言表达自己思维的重要途径。

采取在听的基础上进行说的训练方法，可以帮助学生从听开始，吸收大量信息。这种训练方法不再拘泥于机械的句型训练，而是依据创设的韩国语语言环境适当选择语言形式和规则进行自由表达。初级阶段让学生多听、多开口，掌握"说"的正确发音，为后续的韩国语语言学习奠定良好的基础。随着学生韩国语语言口语水平的不断提高，教师可以指导学生针对教材中的文章段落进行韩国语翻译复述，尽可能使学生做到一边想一边讲。

（三）外语语言翻译人才培养的实践

有了良好的韩国语翻译理论知识基础与一口流利的韩国语口语，接下来就是如何在实践中进行应用。韩国语翻译课程是一门实践性与实用性很强的课程，所以任课教师应多为学生提供实践体验的机会，组织各种韩国语实际交流的学习活动，鼓励学生积极参加，快乐交流。只有实践的机会多，学生对于韩国语翻译学习理论性知识的感性才会增强。每一次有益的翻译机会都是对韩国语知识的巩固，学生会在反复的翻译练习与训练中积累韩国语翻译经验。因此，实践中的翻译量在韩国语语言翻译学习中起着重要的作用。

总而言之，中韩语言翻译人才的培养不是一朝一夕成就的，需要学生理论结合实践不断地进行学习、磨炼，再学习、再磨炼。循环往复，学生才能形成自己韩国语语言知识的智库，在进行翻译时才能得心应手、出口成章、语言流畅，才能成为社会需要的优秀翻译人才。

第三节　跨文化视域下的外语教学课程发展

一、跨文化视域下外语教学课程的类别

编制学校课程计划是提升学校办学品质的有效抓手，有关学校课程的系统构建和实施，既是对学生核心素养、国家教育方针、国家课程目标与学校课程哲学、办学目标、培养目标的有机整合，也是提升校长、教师、学生课程领导力的有效途径。基于学生立场的课程计划编制和实施，丰富了课程形态，重构了学科课程，凸显了特色课程，提升了学校课程领导力，是学校新课程改革不

断深化的直接体现。课程包括主观期望学生学的课程和客观并存的课程。

（一）主观期望课程

第一，教学计划。教学计划指学科范围、教学顺序以及教学目标方面的计划，是最高层次的课程计划，通常由学校或院系制订。

第二，学科计划。学科计划是教学计划中规定的某一门学科计划，也是学科课程的标准，包括教学目的、理论依据、主要内容、教学方法、教学材料、测验方式、评价标准等。韩国语教学大纲是能体现语言学理论、语言习得理论和语言教学理论，并指导韩国语教学的学术性文件。

第三，课程计划。课程计划是学科计划中规定的某一门课程计划。例如，韩国语科目中的基础课包括语法课、词汇课、阅读课（精读、泛读、速读、文学选读、报刊阅读）、听力课、写作课（基础写作、应用写作、公文写作、学术写作、文学写作）、口语课（会话、演讲、谈判、面试、社交）、翻译课（口译、笔译、中译英、英译中）等。又如，外语系文化科目中的目的语背景文化课、西方文化课、中西文化比较课等。教师的职业技能之一是要能够设计、分析、评价、实施和研究能为具体目的服务的主观期望课程。

第四，教材计划/教学材料。学科计划和课程计划的具体体现是实施教学计划与目标的依据和手段，是教学过程中的指南和工具。传统的教材只提供内容，不体现方法。现代教材则体现特定的教育理念和指导思想并提供一系列的教学法系统，体现多种功能的路径、方法、手段以及多方面的"学习包"，如教师导教本、学生导学本、教学用书、测验题、投影胶片版书、实验器具、补充教材、音像磁带、计算机光盘或多媒体课件等。受现代语言学、语言习得和语言教学等理论影响，韩国语教学领域出现为不同的教学目的和对象，运用不同的教学原理和方法而编写的教材。

第五，课堂教学计划/学习过程。帮助学生完成教学计划和课程任务的程序和过程，"课程"的本义。外语教学如何保证学生学习的"课程"和"过程"质量，也就是课堂教学的质量，是课程设计的一个重要内容。

第六，学校经历。学校经历指学生所在学校的环境、氛围、活动和接触的人，如教师、教学行政人员、教学服务人员、体育运动队或学生团体组织者等。除此之外，上述人员产生的直接或间接、积极或消极、正面或负面的影响，也是课程的组成部分。

与学科课程不同的是，这些经历是社会性和氛围化的；是德育、智育、体育、美育多维感受性的；是能使学生不自觉地受到影响、感染和驱动，从而培养情操，发展兴趣，获取经验，锻炼能力的。实践应用课堂或书本知识的活动，对学生同样起到教育作用。因此，现代教育观念很重视这一领域，认为学校是社会的一部分，学校教育要贴近社会生活。

（二）客观并存课程

第一，教学行政指定的课程。指各个教学基层单位主管部门根据各自的具体情况制定教学计划、教学大纲、教学目标、内容和要求及管理情况的课程。

第二，教学实施领域的课程。教师在实施教学计划过程中实际的执行情况包括教学和测试两大环节。事实上，既定目标与实际达标两者有可能不一致。因为不同的教师根据各自的知识、水平、观点、态度，对教学计划有不同的理解，执行起来会有差异。此外，教学设施和条件的限制、师生之间的不合作、教师中可能存在的投机取巧、讨好或迁就学生的不良现象，都会造成既定目标的"缩水"或"变形"，影响实际的课程教学效果。

部分教师只图批改方便而单一采用多项选择题型进行练习或测验；只图授课方便而坚持教师主讲的课堂教学形式等现象，都是造成学生实际应用语言能力欠缺的客观原因。此外，不同的学习传统、学习文化也会导致不同的课程模式和结果。

第三，隐性课程。隐性课程指没有被公开列入课程计划但实际对学生有实质性影响的内容，如价值观或意识形态方面的潜移默化。有些有关性别、等级、权威、道德行为、知识流派、人生观、世界观的问题透过学校的各种活动传播，形成隐性课程。

第四，被忽视的课程。指有价值但通常没有被列入教学计划的课程。韩国语课程中过去也有被忽视的课程，如基础韩国语阶段的听说课和技能课。又如，介乎基础韩国语和专业韩国语之间的学术韩语课（指在学校里应用的韩国语）、中韩语言文化比较类课程以及社会需要的公务韩语课（指对外日常交往的工作语言）。

第五，课程计划之外的课程。指非计划性、非官方组织的课外活动。一种是学生自愿、自发、凭兴趣开展的活动。这些活动可能是出于学习目的，也可能是其他目的。外语院系的学生常常自发地利用课余时间当翻译、推销员、导游、讲解员、公司文秘、公关人员、业余撰稿人，阅读书报杂志，唱韩国语歌曲，组织"韩语角"等。这些活动只要是对本专业学习有促进、辅助作用，在不影响计划内课程的前提下，就应当得到鼓励和支持。另一种是教师为学生提供的课外学习辅导、咨询、活动等。

需要注意的是，无论是主观计划还是客观实际存在的课程，都对学生的教育起作用。特别是客观并存的课程、计划之外的课程与主观期望课程中的"学校经历"，也都对学生有积极的教育作用。其区别在于主观期望的学校经历尽管也是课程计划之外的课程，但属于校方有目的、有意识、有组织、有导向的活动。例如，高校每年举行的"校园歌曲""艺术节""运动会""演讲比赛"等，以及经常性的"名人/专家讲座"。客观并存的课程和计划之外的课程则是学生自发的，或教师业余提供的、有特定目的的课程活动。这些课程只要是有利于学生学习和身心健康发展的，都会起到多层面、多维度和多效益的教育作用。

归纳起来，广义的课程是指学校为实现培养目标而选择的教育内容及其进程的总和，它包括学校所教的各门学科和有目的、有计划的教育活动。

二、跨文化视域下外语教学课程设计

（一）跨文化视域下外语教学课程设计的意义

课程设计的意义与价值在于为实现计划、意图、期望、目标而对教学的有关方面进行策划、指导、监控和评价。例如，课程设计为教学管理部门提供教学目标管理和质量管理依据；为教师提供教学目标、内容和要求；为学生提供学习任务和努力方向。因此，课程设计具有以下几方面的意义：

第一，决策意义。课程设计过程需要了解学习对象，了解社会需求，了解学科特点，是在选择、组织和安排学习内容、选择教学材料、学习任务、评价手段和方式等一系列问题上做出适当决定的过程。

第二，实施意义。因为有了课程计划和目标，课堂教学的实施才能有步骤、有秩序地进行。

第三，检测与评价意义。根据课程计划和目标，可以检测学生学到的知识或技能及没有学到的原因，甚至可以检测学生有无学到没有列入计划的内容。通过对照检测，还可以就发现的问题提出今后修改课程计划的建议。

第四，研究意义。教师和教学管理人员可以研究教学管理、设施条件，课程对社会需求的反映状况，各方面受到的约束限制对课堂教学的影响，教学方法与教学效果的关系等。

第五，创作意义。设计就是某种创作，特别是设计一门独创的新课。对不同学时、不同需求、不同对象的课程设计也需要创作。

（二）跨文化视域下外语教学课程设计的依据

跨文化视域下的外语课程是按照人的需求塑造的，因此课程目标的设计者需要考虑强调哪一个需求来源，并在此基础上对三个需求来源（学生、社会、课程内容）加以平衡。

　　课程的一个基本职能是促进学生的身心发展，课程目标的制定需以对学生的分析为依据。对学生的分析是通过特殊用途韩国语被引进到语言课程中来进行的。20 世纪 60 年代起，对特殊用途语言教育计划的需求不断增加，由于学生的语言需求多种多样，应用语言学家便开始由原来基于对语言的分析来确定课程目标的做法，转而开始对学生的需求进行分析。之后，语言课程中越来越多地采用基于学生需求进行分析的程序。

　　我国外语课程目标设计：①厘清学生学习韩国语的目的，是为日常交际、出国留学、参加升学考试，还是为了就业。②要明确学生将来交流的对象。学生将来交际的对象是以韩国语为母语的人，还是不以韩国语为母语的人。另外，确定学生与交流对象的关系，如客户关系、师生关系（外籍教师）等。显然，与交际对象的关系不同，运用语言时的语气和态度不同。③要关注使用韩国语的场合，是在国内，还是在国外；是社交场合（如晚会、会议、展览会、电话交流等），还是公共场所（如饭店、车间、图书馆等）。与此相连的是学生用韩国语交际的方式，是以口语交际为主，还是以书面语交际为主，还是两者兼而有之；是面对面交流，还是通过电话等交流；是独白，还是对话。④确定学习的目标水平，即学生将要达到的韩国语水平。学生学习韩国语的目的不同，需要达到的语言水平也不同。

　　学生的成长是一个不断社会化的过程，学生个体的发展总是与社会发展交织在一起。不同历史时期、地区，社会对韩国语人才的需求不同。因此，基于当代社会生活需求的分析理应是韩国语课程目标的来源之一。

二、跨文化视域下外语文化教学课程创新

（一）外语文化教学课程的现状

　　语言与文化有着密切的关系，因此在外语教学中融入文化有着非常重要的意义。早期的外语教学中，跨文化交际教学的目的在于让学生理解目的语文化，

因此教师教授的也多为目的语文化知识及其相关背景。随着研究的深入，跨文化交际教学的内容也发生了改变，将文化态度、文化观念等内容也容纳了进去。这时跨文化交际教学的目标也相应发生了改变。

1.较为频繁的跨文化接触

随着人类社会的不断进步与发展，人类的生活向着更加开放的方向发展，不同国家、不同民族之间的交往日益频繁。至此，跨文化交际产生。随着当今科技的迅猛发展，不同国家与民族之间的交往更加频繁与紧密，这也成为民族兴旺发达的一项重要内容。同时，这也提升了从文化视角研究教学的可能性。

2.教学具有一定的功利性

基于传统教育体制与理念，我国部分地区的外语教学呈现了一定的功利性特色，即"考试考什么，教学内容就教授什么"。在实际教学中，教师过分关注语言知识的传授，很少将文化知识纳入其中展开教学。

受这一思想的影响，不管是教师还是学生，都将教学的目标看作通过考试，教师的教学主要是为了外语过级服务。当然，这有助于学生提升自身的应试技能，却让他们很难学习到文化背景知识。

3.文化碰撞实际演练较少

我国学生都是在母语环境下学习外语的，这种学习效果显然不如在目的语环境中学习外语。换言之，我国学生在学习外语时由于缺乏外语学习氛围与环境，很少与异域文化进行碰撞与接触，这就导致他们的实战操练机会很少。

例如，很多学生在学习西餐时都会学习"开胃菜"这个词，背诵了几遍就记住了"开胃菜"这个单词与意义，但是对于其真实的样子，很多学生并不清楚。如果学生是在目的语环境下，他们就很容易了解与把握单词的具体意义。显然，外语文化环境的缺乏导致学生的外语学习事倍功半。

（二）外语文化教学课程的创新

1.构建多模态互动教学

多模态互动教学强调采用多种手段，具体来说是运用网络多媒体技术，开展角色扮演、图片展示等多种互动方式，将听、说、读、写、译各项技能结合起来，调动学生学习的积极性，激发学生的学习兴趣，帮助学生对旧知识进行巩固，对新知识进行拓展。

在外语教学中，网络技术与大数据技术的作用日益凸显，可以说这些技术改变了教育的理念与方式。在大数据背景下，外语教学应该充分利用网络与多媒体技术，利用多种模态将学生的各种感官激发出来，调动学生的学习积极性。

外语是一项重要的公共基础课，但是对于大部分学生而言，外语课堂是非常枯燥的，导致他们的学习效果也不理想。当前，随着网络与大数据的出现，使外语教学方式得到了突破，采用音频、视频、微信等资源开展外语教学，这既为外语教学注入了新的活力，也为学生增添了学习的自信心与动力。

网络资源的合理运用可以刺激学生的多种感官，让学生积极参与到学习之中，更深层次地理解外语词汇、语法、语言学等知识。只有让学生成为外语课堂的主人，主动积极地探索知识，学生才能更透彻地学会知识。

另外，在传统的外语教学中，教师提供的信息是非常有限的，很难与学生的个性需要相符。多模态化网络的融入可以解决教师的这些问题，教师可以利用大数据资源，为学生创设真实的平台，让学生调动多种感官，自主、轻松地提升个人的语言能力。

2.建构外语生态教学

生态教学的核心内容是媒介、调节、内化和就近发展。社会文化理论将环境因素融入教学体系中，认为环境是语言输入的源泉，更是认知的基础。生态教学理论是在社会文化理论的基础上发展起来的理论，其将语言、环境、教师和学生有机结合起来。

21世纪是生态世纪，生态学的思想为人们所熟知，成为人们生活与工作的新方法。很多教育工作者也将视角转向对生态学理论成果的研究，并将这些理论成果应用于外语教学之中，这就是所谓的外语生态教学。谈到外语生态教学，首先需要厘清生态课堂，进而分析外语生态教学的本质与生态课程的构建。

生态课堂是从生态学的视角出发，对生态状态下的课堂加以研究的学科，其强调教师、学生、教学信息与组织、教学环境要实现和谐统一。生态课堂是对师生关系、课程结构等进行了新型建构，是一种各个环节之间彼此联系、和谐共生的教学形态。

教育要以人为本，因此外语生态教学也应该这样。人的生命发展具有多元性，而学生个体的发展具有多样化。但是，学生个体的发展不能牺牲他人，因为教育面向的是全体学生，因此对每一个学生都要予以尊重。

（1）外语生态教学的理念

无论对于教师还是学生而言，外语生态课堂都是一个全新的教育观念，需要每一位教师付诸自己的心血来经营和培养。要想构建一个完整的外语生态课程系统，这个过程是十分困难的，包含创设课堂环境、和谐师生关系、加强课堂互动、构建多元评价机制等。对于师生而言，课堂是他们演绎生命意义的舞台。创设一个和谐的课堂环境，是师生完整生命能够自由成长的基础与前提。生态课堂的创设不仅涉及物理环境的创设，还涉及心理环境与文化环境的创设。

此外，在外语生态课堂中，要保证师生关系的民主与平等，可以考虑从两个方面着手：①就教师层面而言，应该充分考虑学生的实际需求，认真对待每一个学生提出的问题，尊重每一个学生的人格与个性发展，并多与每一个学生交流，真正地了解每一名学生的情况，激发学生的主动性与积极性。②就学生层面而言，应该充分尊重教师，并接受教师的指导与帮助，在日常学习中也要积极配合教师。

总而言之，师生之间应该建立一种平等的对话关系，彼此之间没有压力与猜疑，可以畅所欲言，共同探讨与研究，这样能彰显课堂的活力，从而使课堂呈现一种和谐之美。

（2）外语生态教学的模式

外语教学根植于中国社会文化语言生态环境之中，学生需要将外语语言知识作为载体。外语教师应当充当引导者的身份，帮助学生在了解与接受外语语言文化的基础上，对语言概念体系加以构建，从而培养学生语言与思维的方式，促进他们形成和谐、统一、动态的交往模式。

外语生态教学模式下的教学环境不仅涉及课堂教学环境,还包含学校环境、社会语言学习环境等,但是课堂教学环境占据主要位置。

外语生态教学是集整体性、系统性、动态性、协调性为一体的一种教学模式,其从多个视角对教师、学生、语言、语言环境的作用进行分析和研究,并探讨了这些层面对语言习得的影响。因此,可以采用多维时空的流变性对语言学习过程进行研究,并对语言学习与环境之间的关系加以探讨,这样才能对外语生态教学与研究有全面的认识,也才能更好地指导外语生态教学。

(3)外语生态教学的优化

第一,外语生态教学的优化原则。外语生态教学的优化需要按照一定的原则展开,具体如下。

首先,稳定兼容原则。随着信息技术逐渐融入外语生态教学,必然会对一些教学环境产生干扰,进而影响系统内部各个教学要素的关系。这时,本身兼容的各个要素之间也会因为新要素的引入呈现不和谐现象,这时候就要求教师、管理人员、学生等都进行一定程度的改变,从而促进信息技术与各个要素之间的融合与发展。就教学管理层面而言,要改变传统的管理模式,给予教师充分的学习知识的时间,并优化教学环境,从而使信息技术与各个要素更好地融合与发展。就教师层面而言,教师要不断转变自己的角色,不能仅作为分析者与讲解者。就学生层面而言,学生也应该发挥自己的主动性与积极性,从而主动、积极地探究知识。可见,各个要素只有在自己的生态位上发挥应有的作用,才能实现兼容,才能保证教学结构的稳定与平衡。

其次,制约促进原则。信息技术的介入使学生能够自主学习与个性学习。实际上,教学中也会出现很明显的信息技术误用情况,如对信息技术的过度使用、滥用使用、低值使用等,这些误用对学生的个体发展是极其不利的,严重者还会导致我国学生的自主学习能力与应用能力下降。信息技术的使用要考虑具体的教学目标,以学生为中心,运用恰当的方法;不可过度使用,也不能不使用,这样才能保证各个要素都能在各自的生态位上发挥作用,并相互依存。当然,功能的发挥需要设定在一定的范围内,不能随意扩大,也不能丧失其作用。要综合看待各个要素的功能，从全局出发进行把握，但也不能失去微观意识。总而言之，制约是为了更好地促进，促进又是合理制约的结果。这样外语生态教学才能更自然地进步与发展。

最后，可持续发展原则。外语系统是高等教育的一个生态系统，要求坚持可持续发展原则。而社会的可持续发展主要归结于人的可持续发展，因此外语生态教学的发展也必然依赖师生的可持续发展。就学生而言，要想培养学生的可持续发展能力，在这一观念下，教学的目标就不仅在于知识的传授。

现代教育的四大支柱是"学会认知、学会做事、学会共同生活和学会生存"。学生的能力也是随着这些理念逐渐发展起来的。外语教学改革的目的在于提升学生外语学习的可持续发展能力。这种能力可以帮助学生在以后的学习和生活中不断完善自我，不断发展。

第二，外语生态教学的优化策略。外语生态教学系统的优化需要在坚持上述原则的基础上，结合各个生态因子之间的关系，采用恰当的优化策略。当然，这是一个复杂的过程，这一过程中需要以教师作为突破口，因为教师在外语生态教学中的作用非常关键。教师教学的态度、理念等如果发生改变，就会影响具体的教学情况。因此，只有保证教师的生态化发展，才能保证教学的优化。具体而言，需要从以下四个方面着手：

首先，促进教师的生态化发展。教育是国家大计，只有拥有好的教师，才能搞好教育。因此，要努力打造一支技术精湛、道德高尚的教师队伍，这是当前教育改革与发展的重要目标。

其次，建立和谐的师生关系。外语生态教学系统是相互联系的整体，在这一整体中，师生之间通过不断地交互构成一个整体。在外语教学中，师生无疑是最重要的关系，是一种和谐共生的关系。他们通过交流与对话达成一致，教师以特殊的方式对自己进行塑造，学生在教师的心里留下印记。

再次，转变教学环境中的限制因子。教育生态学中的限制因子定律具有自身的特殊性。在教育生态学中，所有的生态因子都可能被认为是限制因子，如果某些生态因子的量比临界线低，就可能出现限制作用，但是如果某些生态因子的量比临界线多，也可能会产生限制作用。教育生态系统中的有机体应能够采用恰当的方法，创造条件对限制因子进行转换，使其成为非限制因子。这一定律对于外语生态教学是非常适用的，即在外语生态教学之中，每一个生态因子都可以进行转换，限制因子也同样可以转换成非限制因子。

最后，构建开放和谐、多维互动的语言环境。在生态系统中，生物并不是孤立的成分，而是与其环境有着紧密的联系。环境会对生物产生影响，生物也会对环境产生影响。受生物影响发生变化的环境又可以对环境产生反作用，两者不断协同进化。因此，在外语生态教学中，要对自然、社会中的物质环境、人文环境展开分析和探讨。

第五章　韩国语课堂模式的创新

第一节　韩国语课程与文化自信融合的教学模式

文化自信是对自身文化价值的充分肯定，当前应坚定文化自信、增强文化自觉。在全面推进课程思想政治改革的背景下，加强文化教育，引导学生树立坚定而充分的文化自信，已成为韩国语教学改革的重要命题。但是在实际的韩国语教学中，依旧存在一定问题，需要进一步探索更为有效的教学模式，实现韩国语课程与文化育人的协同发展。

一、韩国语课程与文化自信融合的意义

当前，韩国语课程中也要将引导学生自觉弘扬中华优秀传统文化、革命文化作为重要的思想政治元素，要求相关课程结合自身特点，将上述思想政治元素有机融入课堂教学。现今，文化自信教育已成为韩国语人才培养和课程思想政治改革的必然要求，其现实意义主要体现在以下方面。

（一）课程思想政治教育角度的意义

文化自信融入高职韩国语课程教学，能够更好地促进教育的文化功能与文

化的教化功能双向融合，从而实现对学生的思想引领和价值观塑造，进一步提升学生的文化素养和道德修养。良好的文化环境形成后，就能够在一定程度上发挥出积极的教化功能，影响人，塑造人。加强文化教育，深挖中国文化元素，将其蕴含的价值理念潜移默化地渗透到知识传授和能力培养过程中，这对于实现文化自信与培养专业能力的同向同行，落实课程思想政治改革立德树人的根本任务有着积极的意义。

（二）学生角度的意义

在韩国语教学中进行文化自信教育，能够帮助学生深化文化价值认同，激发学生对中国文化的学习兴趣和探究精神，进而从中华优秀传统文化、革命文化中汲取文化自信，促使学生形成正确的价值观。同时，进行中韩文化的双向文化输入能够引导学生正确理解文化差异，增强对文化的鉴别力和判断力，培养学生的跨文化交际能力和跨文化思辨意识。

（三）文化安全角度的意义

将文化自信教育融入高职韩国语课堂教学，能够唤起学生的文化自觉意识，推动韩国语课堂的意识形态建设。文化自信是我国文化软实力的一个重要指标，关系着文化安全、民族精神与国家的前途命运。韩国语专业学生受韩国文化影响较多，培养其继承和弘扬中国文化的使命感及责任感，实现中国文化的反向传播与输出，有利于为韩国语课堂的文化安全与意识形态安全提供保障。

二、韩国语课程与文化自信融合的现状

第一，"课程"和"文化自信教育"缺乏内在兼容性。教师对于文化自信教育的内在要求和实践路径缺乏深刻的认知，大多只将文化自信教育简单地理解为文化知识的传授和课堂上增设的一个环节，没能将中国文化蕴涵的精神价值

通过有效的教学手段进行内化，整体的教学设计较为粗糙，缺乏课堂教学全过程的贯穿，以及教学目标、内容、模式和方法等全要素的深度融合。

第二，课堂教学结构缺乏延展性。多数教师更倾向于以教师为中心的教学结构，将课堂上对专业知识点的高强度输出视为解决问题的方法，过分强调"教"的作用，将大部分精力投入到精讲词汇、语法等知识点当中，没能有效打破课堂时限和授课空间的限制，导致学生缺乏自我探究和思考的机会。

第三，教学策略和方法缺乏创新性。教师在韩国语课程中融入文化自信教育的方法和手段较为单一，且教师与学生在教学策略以及教学期待上存在差异。教师在课堂中讲解中国文化时，主要采取的是讲授式方法；而与之相反，大部分学生更希望教师采用互动式、启发式和体验式教学方法教授中国文化。由此可见，学生具有学习中国文化的意愿，并希望教师能够采用更加多元化的教学策略和教学方法开展文化自信教育。

第四，教学内容和资源缺乏适应性。韩国语教材及配套教学资源中涉及中国文化的内容较少，无法与课程思想政治教育视域下的文化自信教育的要求相匹配。教材中涉及的中韩文化对比的内容基本上是碎片化的，缺乏专业知识和文化内容的恰当衔接，在教材设计和组织上还未形成较为系统的内容体系。另外，部分韩国语课堂信息化交互式资源较为欠缺，有效的网络平台资源少，比如慕课、云班课、雨课堂等使用频率较高的学习平台上没有可用的韩国语云教材，精品课资源也不足，无法满足学生自主学习的需求。

综上所述，教师需要在正确分析学情、课情的基础上，落实文化育人的教学目标，加强教学内容体系建设和线上资源的创新，采用更加科学合理的教学模式和更精细化的教学设计，以应对存在的问题和矛盾。将语言的外壳和文化的内核相融合，将显性教育和隐性教育相统一，保证文化育人的效果和质量。

三、韩国语课程与文化自信融合的模式

（一）立准课程教学的目标

文化自信教育融入韩国语教学要做深做实，就必须将其贯穿于整个教学过程，避免将提升文化自信和文化自觉的总体思想政治目标游离于知识目标和能力目标之外，要从价值塑造、知识传授、能力培养三个层面落实教学目标。例如，旅游韩国语课程的教学目标中可以将景点讲解的知识点和中华优秀传统文化、红色文化等相结合，并在知识目标和能力目标中体现；韩国语翻译、商贸韩国语等核心课程也可以将开拓国际视野，培养跨文化意识，提升学生在对外交往作为教学重点，并将讲好中国故事、传播中国文化的思想政治目标巧妙融入其中，树立三维目标，为课程的教学设计和实施奠定科学、合理的目标导向。

（二）优化教学内容与资源

中华优秀传统文化、革命文化和社会主义先进文化是构成文化自信的三大源泉。此外，地方文化的教育意义也不容忽视。只有树立基于对家乡、对地方的文化自信，才能更好地构建国家的、民族的文化自信。因此，文化自信教育需要紧密围绕这四大思想源泉，同时结合教材内容，深入挖掘文化元素，以点带面地拓展每个文化元素的背景和思想蕴涵，多渠道选取教学素材，从而有效优化教学内容和教学资源，构建文化育人教学体系。同时，为弥补高校韩国语课程线上教学资源的不足，可在建设体系化的教案、课件、参考资料、习题库等静态教学资源的基础上，开发具有地方特色的专题文化教育资源，并更多地挖掘虚拟资源、活动体验类资源，围绕"知识点"进行精细化设计，为线上线下混合教学模式的开展和学生自主学习提供必要的资源基础。

（三）构建混合教学模式

构建混合教学模式以"BOPPPS 模型+线上线下"为例进行分析。BOPPPS 模型源自北美高校教师技能培训中运用的教学模式，包括导言、目标、前测、参与式学习、后测和总结六个部分。各环节间联系紧密，内在逻辑清晰，具有较强的实践性和可操作性，使整体课堂教学安排更加系统化、合理化。线上线下混合教学模式是通过充分利用线上学习平台和资源，按照线上学习准备、线下课堂教学和实践、线上课后提升的三个步骤，不断提升教学深度的，这与 BOPPPS 模型将课前、课中和课后进行有效整合的教学思路是一致的。因此，将两者有机结合，能够规范和细化线上线下混合教学模式的教学环节。同时，线上元素的融入，也使其内容和形式更加丰富，引导学生高效地进行自主学习，切实践行"以学生为中心"的教学理念。

下面基于教学实践，以旅游韩国语课程中的沈阳故宫韩国语导游讲解模块为例，具体说明"BOPPPS 模型+线上线下"混合教学模式的教学设计与实施过程。

1.课前准备工作

课前可以设置三项任务：

任务一：在蓝墨云班课学习平台上发布微课和沈阳故宫的介绍视频，要求学生提前对重要知识点进行预习，教师线上答疑。

任务二：学生以小组为单位查找沈阳故宫的相关资料，了解沈阳故宫的整体布局，梳理沈阳故宫的历史文化知识，并思考沈阳故宫建筑群中蕴含着哪些中国传统文化？

任务三：准备"景说红史"个人课件和讲解词，教师线上进行批改。按学号顺序每节课有一名学生在正式上课前用韩文介绍家乡的红色旅游景点，在锻炼韩国语讲解能力的同时，加强革命文化和社会主义先进文化教育。

2.课堂教学任务

（1）专题发表

学生展示课件，同时用韩文简要讲解家乡的红色旅游景点。讲解内容包括家乡的特点、景点的历史背景、重要人物及其蕴含的红色精神等。通过每次课前的学生课件展示活动，使其他学生更深入地了解省内外的红色旅游景点，培养弘扬革命精神的自觉意识。

（2）课程导入

以清朝著名词人纳兰性德的词《长相思·山一程》中的词句引出要讲解的景点所在地——沈阳（奉天），并简要阐述努尔哈赤建造沈阳故宫的背景。通过古诗词导入课程，可在激发学生的学习和探究兴趣的同时，提升学生的人文素养。

（3）教学目标

知识目标：掌握景点讲解时的要领；熟悉沈阳故宫历史文化知识；熟练掌握沈阳故宫景点相关的韩国语词汇和表达语。

能力目标：能够自然流畅地讲解沈阳故宫的概况及重要景点和历史文化；能够合理规划沈阳故宫旅游线路，可按照导游操作程序，组织好景区内各项游览活动。

思想政治目标：使学生深刻理解沈阳故宫建筑群的文物艺术价值，培养学生的审美意识和文化意识；了解沈阳故宫建筑中体现的传统文化，激发学生对传统文化和地方文化的探究兴趣和热爱；深刻理解人与自然和谐相处的文化内涵和价值导向，并自觉学习、传承、弘扬优秀传统文化，提升文化自信和文化自觉。

（4）进行前测

思考并回答问题：沈阳故宫由哪三部分组成，各部分的主要景点有哪些？沈阳故宫的建筑中体现了哪些中国传统文化思想，请用韩国语举例说明。

（5）参与式学习

①创设学习情景，设计包括重点词汇、语法及表达语在内的学习内容。借助沈阳故宫线上全景浏览系统，使学生能够更直观、更立体地观察沈阳故宫和

古代建筑的构造，加强课堂的沉浸式体验。

②通过练习题，反复练习实用单句，加深对景点的理解。

③分小组进行会话演练，学生扮演导游和游客角色，加强对游览过程的了解，提升用韩国语讲解景点的能力。

3.课后任务与拓展学习

（1）进行后测

以小组为单位，选择沈阳故宫东路或西路的一处景点，录制讲解视频后上传至云班课。视频中要介绍建筑功能和建筑特点，并深入挖掘其蕴含的文化内涵。由教师、组内成员、其他小组成员三方，从仪容仪表、讲解内容、韩国语表达、语音语调、文化内涵等五个方面进行评分。

（2）总结思考

①做总结。人与自然和谐相处是中华文明内在的生存理念和鲜明的价值导向。作为一名外事导游应该深入学习和了解中国的传统文化和地方文化，不断提升文化自信，做一名传承和弘扬中华优秀文化的传播者。

②教师与学生互动讨论。作为一名外事导游应该如何提升文化自信，更好地向韩国游客介绍中国传统文化。

（3）文化拓展

通过视频短片，展示人与自然和谐相处的思想在现代社会中的发展和传承，让学生进一步了解优秀传统文化的思想精髓，更深切地感受优秀传统文化的魅力和价值。

（四）教学反思

采用"BOPPPS 模型+线上线下"混合教学模式，可以充分发挥学生的主体地位，加强师生互动，将课程思想政治教育贯穿于课前、课中和课后，使文化自信教育巧妙渗透全过程，让学生更易于接受和学习，提升学生用韩国语介绍并表达中国文化的能力，取得良好的教学效果。但还需进一步加强旅游韩国语课程中实践环节的设计，采取更加灵活多样的课堂任务形式，提高学生参与的积极性和主动性。

　　总而言之，外语教育内在的人文属性和跨文化属性决定了其作为培养文化自信的主渠道、主战场、主阵地的作用。在新的时代背景下，高校韩国语专业课程必须承担起文化育人和价值引领的责任，探索有效的教学模式，充分发挥课堂教学的育人功能，用润物无声的方式唤起学生的文化意识，培养学生的文化自信和文化自觉。"BOPPPS 模型+线上线下"混合教学模式的构建完善优化了教学环节设计，拓展了教学时间和空间，使教学过程更加灵活和具有吸引力，能够促进学生的自主学习和深度学习，是对韩国语课堂教学文化育人的积极探索。在此基础上，韩国语专业教师应该不断提升文化素养、拓展文化视野、更新教学理念，结合教学反馈进一步调整与完善教学模式，形成融入文化自信的韩国语课程育人体系。

第二节　"诗歌导入型"韩国语教学模式的构建

　　教育过程就是"文"而"化"的过程。语言是文化的重要表达手段，学习语言就是学习语言被使用的文化。文学是一种语言艺术，文学修辞则是一种文化存在，一方面，它受特定民族、特定时代的文化传统和文化氛围的影响；另一方面，文学修辞也集中折射了特定民族和特定时代的精神文化品格。在文学的诸多文体里，每个民族的诗歌都是对这个民族语言、文字与文化的精练。如果能将韩国语诗歌科学合理地导入语言教学，既有助于强化学生对语言文字的学习与理解，又能提升学生对文学、文化和作品生成的社会历史背景等多方面的人文知识素养。通过诗歌鉴赏能有效激发学生的文学审美思维与语言辨析能力，提升韩国语的综合语用水平，可谓一举多得。

　　"诗歌导入型"韩国语教学模式以文学导入教学法为依托，将文学教育与文化教育有机地融入语言教学，通过文学审美的丰富性、想象性和趣味性来缓解单一语言教学的枯燥无味，不仅可以拓展延伸语言教学的深度和广度，还可以增添学习的兴趣与乐趣，达到既巩固复习又拓展延伸的教学效果。

　　"诗歌导入型"韩国语教学模式在教学过程中，坚持以教师为主导和以学生为主体的教育方法，坚持以人为本与因材施教，在传统语言教学听、说、读、写、译的基础上，充分发挥诗歌的多维度审美属性，引导学生探究诗歌中蕴涵的信息素养，启发学生对诗歌尝试展开独立的审美鉴赏，激发每个学生对学习内容的探究兴趣，鼓励他们独抒己见，在师生共同参与的教学氛围中培养出语用能力、文化素养以及创新性思维等多方面素养并重发展的高水平韩国语人才。

　　"诗歌导入型"韩国语教学模式是对"引、发、求教学三步法"的拓展与延伸。诗歌具有语言精练的特征，将诗歌导入语言教学有助于学生语用能力和人文素养的提高 。

一、"诗歌导入型"韩国语教学的课前准备阶段

（一）合理择时及科学择诗

　　"诗歌导入型"语言教学模式不仅旨在练习发音和音调，更致力于词语、语用、文学以及文化素养的全面提升，该模式更适用于学生的语言能力达到一定量的语法与词汇积累后实施，根据语言教材教学进度和节奏选择与之语法、词汇、主题、内容和难易度上相匹配，且人文素养与文学价值较高的诗歌作品。教师应审慎筛选诗歌资源，导入的诗歌作品应具有正确的世界观、人生观与价值观和较高的道德修养与人文情怀。作品难易度应以总体适用于学生现阶段的语言应用水平为宜，在内容上力求有所深化、有所拓展和有所创新，引导学生从消极的厌学逐渐过渡至容易学、接受学、乐意学以及主动学，激发学生对语言的关注和兴趣，以实现在完成语言教育的同时，培养出积极学习、主动思考

和具有正确价值观和健全人格修养的高质量人才。

（二）研究诗歌并发掘文化

在选定诗歌之后，教师应把"研究诗歌"和"发掘文化"相继添加至备课环节，以保障选定的诗歌能够自然地、科学地、有序地导入实际语言教学环节。教师需准确把握包括诗人简介、诗人诗学思想、诗歌内容、创作时间、诗歌生成的社会与历史背景以及相关的诗人诗作评价等内容，弄清楚"诗人是谁；他是怎样的诗人；作品的生成背景是怎样的；他为何写这首诗歌；诗人自己如何评价这首诗歌；别人又有怎样的见解"等问题，梳理后为课堂实践中向学生宏观介绍作家作品、引导学生展开多角度文学赏析做准备。教师应提前梳理诗歌作品中蕴含的文化、风俗、礼节等人文知识信息，为开展文化教育及后续的文学赏析做准备。

二、"诗歌导入型"韩国语教学的课堂教学阶段

（一）课堂教学阶段的合理导入

教师需要按照教学计划完成既定教材知识点教学，结合该课教学内容通过词汇拓展、语法造句、主题拓展等方式导入选定诗歌，按照"诗人介绍→诗歌介绍→教师范读→学生自读→教师领读→学生自读"的顺序展开教学。阅读是"诗歌导入型"韩国语教学模式实施的关键。在韩国语学习过程中，阅读是提升词汇与理解力的源泉，学生通过阅读能够获得习得准确的语调与发音的机会。同时，在阅读过程中可以强化学生的语言表达能力，反复阅读可以加深学生对诗歌的理解，从而综合提升学生听、说、读、写、译等能力。由此可见，此阶段需给予学生充分的时间阅读作品内容。

（二）课堂教学阶段的科学启发

教师应按照"词汇解析→语法解析→诗歌表层文本解析→文化解析→诗歌深层文本解析"的顺序，对诗歌作品进行详细的讲解，由作品表层信息里的词汇、语法讲解，逐步深入到文学、文化、社会历史背景讲解的学习层面。

文字记录是文化的积累物，教师应积极引导、启发学生发掘诗歌中蕴含的文化知识，由诗歌中彰显出的文化现象延伸至文化教育。在"诗文解析"环节，需将"词语"与"诗语"相区别，充分发挥诗歌语言所具备的多元文学审美属性，引导学生从"解析诗文"逐步深入到"解析诗歌"，鼓励学生对诗歌展开多维度的理解与评价，激发学生的学习兴趣、想象力、理解力与创新思维。引导学生对中韩文化和文学进行比较探究，此过程能以潜移默化的方式增进学生的民族自信心与自豪感，最终促进学生语言、文学、文化、精神与人格等多方面素养的全面提升。

三、"诗歌导入型"韩国语教学的课后启发阶段

以学生为主体的课后拓展学习阶段课后的拓展学习应建立在兴趣学习的基础上，可按照"解析（课堂已完成）→试译→仿写"的顺序进行。教师应鼓励学生开展课后探索与拓展学习，保护学生对诗歌导入的学习好奇心、想象力与求知欲。教师可定期在班级的范围内举行拓展学习报告会或讨论会，推选出优秀的诗歌鉴赏文、翻译文或仿写作品参加各类文学鉴赏或翻译创作等竞赛活动，让学生在学习的过程中体会到收获的喜悦，以激发学生更高的学习兴趣，促进他们听、说、读、写、译，以及语言应用能力、科学的创新思维与人文素养的并进发展。

第三节　职业定位与职业能力下的韩国语教学模式

教学活动的出发点是学生,抓住学生这条主线,才能找对教学改革的意义,把握教学改革的方向。因此,可以从学生的实际水平出发,打造"理论+技能"一体的教学体系,从而进一步明确职业定位,提高学生的职业能力。专业核心课程关系到整个专业发展和学生发展,而技能实践课程又是学生职业技能提高的主要阵地,要打通从"学"到"用"的路径,需要将理论课程与技能课程一体设计,统筹资源、一体谋划,形成完整的教学体系,为学生提供学习平台,促进"教"与"学"的有效互动,实现"学"与"用"的同频推进。

一、编写符合学生基础、提高职业能力需要的校本教材

编写能够突出职业能力培养的高职韩国语教材是建设一体化教学体系的基础,也是尊重学生实际学习水平,促进学生能力提高的基础性与长期性工作。

第一,教材要具有普适性。一套合适的教材在编写上应符合高职韩国语专业学生特点和专业需求,面向学生学习的实际水平,能够让学生学得懂、学得通,积极地获得韩国语的基础知识。

第二,教材要具有本校特色。应结合本校的办校文化理念、本地的人文文化等,进行韩国语教材的编写,并从学生熟悉的文化体系入手,运用具有特色的案例、文案等,提高学生对韩国语知识的理解,以贴近生活的方式打造本校韩国语教学的特色,以此为学生走向职场奠定基础。

第三,教材要具有实用性。教材的目的在于传递知识,赋予学生将知识转化为场景运用的能力。一套切实可行的教材可以使学生掌握必要的韩国语基础知识,培养学生在日常生活中的韩国语应用能力。例如,引导学生利用已有句

式，结合写作、会话、翻译等内容，解决相关课程中专业核心能力不足的问题，着重对写作能力、会话及翻译中的逻辑表述提出有针对性的解决方案。

二、开展符合学生学情、提高职业能力需求的分级教学

与大多数的语言专业教学相似，高校韩国语教学同样面临着学生语言基础水平和语言掌握能力层级不齐的情况。在课堂中，传统的教学模式难以兼顾所有学生，尤其是进行口语练习方面，教师少而学生多，难以一一有效地纠正和指导每一个学生。高校的教学改革需要突出"以学生为本"这个主旨，因此为解决一般性课堂教学的有效性不明显、针对性不足的问题，可以采取分层分类教学的方法。

第一，可以综合教师日常教学观察、学生兴趣爱好、志愿申请等多方面因素对学生进行分类。具体划分为口语攻关类、语法攻关类、写作攻关类等类别。每个学生的薄弱之处或特别希望有所提高的方面对应一个类别。而后综合分层分类结果，形成学生韩国语分层分类教学名单。

第二，可设置不同难度的预习任务，如对于能力较弱的学生布置以字词学习为主的预习任务；对于能力中游的学生布置能够顺利通读全文等难度有所提高的预习任务；对于能力较强的第一类学生，可以布置解读文章中心思想、分享自身思考等更有难度、也更灵活的预习任务。结合学生重点攻关的类型，可以给不同类型的学生提出单词、语法、阅读方面的不同学习要求。

第三，课堂教学时要兼顾学生的层次和类型。教师应在开展一般性教学的基础上，结合学生的不同层次和类型进行教学。例如，在设置问题时有针对性地设置各类问题，满足不同层次学生的需求。再如，采取小组合作学习等方式，引导学生开展韩国语自主学习，并完成一定的课堂任务。在组员安排中，教师需要兼顾学生的学习层次，合理安排各组成员，以达到先进带后进、主动带被动的作用。同时，学生之间可以开展充分互动，这样有利于帮助学生学习语言。

第四，优化作业设计，做到作业的分层分类。传统的作业模式难以服务于分层分类的教学，因此教师可以结合学生的学习情况布置不同难度的作业。例如，将作业分为一般性练习和提高性练习，这样既能让相对后进的学生树立信心，也能让相对优秀的学生有机会进一步挑战自我。

三、打造符合实践要求、提高职业能力需求的实践基地

实践课程是提高职业能力的重点。在一体化教学体系中，韩国语专业教学应将学生实践能力的提高提升到与专业知识学习并重的位置，通过打造一批实用、适用、好用的校内外实践基地，为学生提高职业能力提供平台。

在校内积极开展"第二课堂"，引导学生利用好课余时间，通过校内的社团组织，如韩国语学习社团等进行互助式语言实训与实践，提高学生的专业技能。通过在学校内建立仿真实训基地，为学生提供校内的实训场所，提高学生的语言应用能力。校内仿真实训基地要按照"真实的场景"进行打造，达到真实或仿真的职业环境要求。

在校外可借助外资企业的实践基地，并通过资源共建共享等方式，建立一定的合作机制，为综合技能创新提升提供实训保障。与校内相比，校外的实践基地资源更加丰富。如果高校筹建校内实践基地存在客观困难，则可以优先考虑与校外资源合作，建立资源共享机制。同时，可以通过与企业结对的方式，按照批次组织学生到结对企业实习，通过实际工作调动学生学习的主动性，并帮助学生在实践中检验所学，发现不足，弥补短板。在实习过程中，学校可以聘请企业专家作为指导老师，对学生的职业发展进行适时的点拨，对凸显出来的误区进行及时纠偏，帮助学生真正利用好实习这一宝贵的实践机会，达到提高能力、解决问题的目的。

四、建设符合教学发展、职业素养高的教师队伍

第一，学校应为教师提供培训与相互交流学习的平台。学校可以通过组织教学培训、专题讲座等方式，为教师提供提升教学技能的平台。同时，教师应引导教师积极参加培训，多读韩国语教学类书籍，了解、学习最新的教学方法，并尝试将其运用到自己的课堂上。只有教师自身发展提高了，树立了全新的教学理念，才能培养出发展更为全面的学生。

第二，要通过教学竞赛、评价、活动等一系列方式，在教师之间形成相互学习与促进的氛围。教师要经常互相听课，互相学习，多交流，取长补短，以此促进自己教学水平的提高。

第三，教师作为专业水平提升的核心主体，应主动提高自身因材施教的能力。作为整个学习过程的施动者，教师要积极进取，不断学习，努力提高自己的教学能力和管理能力。认识到自己在课堂不是"演员"，而是"导演"，需要发挥出管理、引导和指导的作用，要充分调动学生的学习积极性。

第四，教师还需要探索并形成自己的课堂教学特色。每位教师的性格不一样，都有自己的优势，管理掌控课堂的方法也不尽相同。因此，教师应探索自己的特色教学之路，更好地发挥"导演"的作用，建立好以学生为中心的课堂教学模式。

五、建设符合育人目标、职业能力提升的评价体系

第一，对学生学习成果的评价要过程与结果并重。韩国语的教学评价应更突出人性化理念，真正能够了解学生的学习成绩情况、学习方法掌握情况、学习过程努力情况等，尤其是应加大平时参与实践活动、提高职业能力的考核比重，给学生做出综合性评价。

第二，可以采取"以学评教"模式进行教学方面的评价。"以学评教"是通

过评价学生学习目标的达成效果来衡量教师教学活动水平的。教师应通过积极听取学生的反馈意见，分析教学的客观数据，找到转变自己教学行为的依据，并主动改进自己的教学方式，进一步提高学科的教学质量。可以将学生在课堂中的具体表现、参与情况以及学习效果作为评价的维度，评价教学质量和教学方式。

总而言之，基于职业定位和职业能力提高的人才培养教学模式应始终以"人"的培养为核心。在以提高学生职业能力的目标下，应建设"理论+实践"的一体化教学体系，在教材编写、课程实施、实践推进、教师转型和过程评价等几个维度进行不断优化，齐头并进，实现高职院校的育人目标。

第四节　应用韩国语专业人才培养模式的创新构建

一、应用韩国语专业人才培养模式创新构建的必要性

第一，应用韩国语专业毕业生面临的就业压力逐年增大。综合来看，随着国内高校陆续开设韩国语专业，毕业生数量迅速上升且逐年增长，原本的就业优势不断缩水，就业压力与竞争力直线上升，甚至已出现供过于求的局面。尤其是高职高专院校毕业生，因学习年限普遍少于本科院校毕业生，导致其在知识储备方面明显不占优势，一定程度上降低了其就业竞争力。

第二，综合型应用韩国语专业人才成为社会需求呈现新趋势。目前，应用型基础上的综合性人才成为市场新的需求主力，拥有应用能力、专业能力与复合能力的综合型人才具有明显的就业优势。以应用韩国语专业人才为例，虽然我国每年的应用韩国语专业毕业生持续增加，但就业市场中能满足用人单位需

求的应用韩国语专业人才依然匮乏。例如，我国山东省的威海、烟台、青岛等地区的韩资企业较多，每年所需要的韩国语人才也较多，而山东多数高校也都开设了韩国语专业，单从毕业生数量来看能满足当地韩国语人才的需求，但实际情况是韩资企业依然每年面临招不到人的困境，部分韩语专业学生依然存在就业困难的情况。究其原因是，韩国语专业毕业生的综合素养达不到标准，难以满足企业用人的标准与要求。

第三，提升应用韩国语专业人才社会适应力与竞争力的需求逐年提高。探索应用韩国语专业人才培养模式的构建策略，有助于推进应用韩国语专业人才培养与各行业、地方经济发展需求相对接，在筑牢学生专业知识与能力的基础上，不断提升其实践技能、创新精神与综合素养等。这样才能有效推动多层次、个性化、多元化应用韩国语专业人才培养模式的构建，实现人才知识、能力与素质的同步升级，为应用韩国语专业毕业生从事韩国语翻译、外贸、电子商务等岗位做好多项知识与技能储备，为该专业人才更好更快地走入社会、适应社会与胜任岗位提供帮助。

二、应用韩国语专业人才培养模式创新构建的策略

（一）人才培养对接社会需求

第一，围绕"三定位"原则锁定应用韩国语专业的"市场空间"，精准定位发展坐标，促使人才培养紧密对接社会需求。其中，"三定位"是指定坐标——专业层次、定优势——专业特色、定前景——专业面向。开设有韩国语专业的院校需要深入我国韩资企业、对外贸易企业或合资企业等开展市场调研，并从这三个维度对人才培养进行科学定位，确保人才供给方与需求方相对接。

第二，当前，我国相关企业在韩国语接待服务、韩国语职员、现场管理、生产品质管理等一线岗位有大量人才需求。对此，当前我国应用韩国语专业人才培养方向可以适当予以调整，一方面要打牢该专业人才的韩国语语言能力；

另一方面要确保其深入了解并掌握一个专业领域，如韩资企业、教育培训、涉外旅游、贸易行业等，且要具备商务沟通与计算机办公这两项基本技能。

第三，突破传统的专业思维束缚，明确语言依然是核心能力，但并非唯一能力，既要培养学生从事职业岗位的专业能力，又要培育其职业发展所需的各项其他技能，即综合职业能力。

（二）创设"语言+专业"课程体系

第一，优化创新语言类课程。按照韩国语基础能力、韩国语写作能力、韩国语翻译能力、韩国语交际能力设置相匹配的专业核心课程。具体而言，应用韩国语专业的语言类课程分为四部分内容：①以韩国语初级语言水平为培养任务的专业基础课程，包括韩国语精读、韩国语会话、韩国语听力等；②以韩国语交际能力为培养任务的核心课程，主要就是韩国语视听说；③以韩国语写作能力为培养任务的核心课程，即韩国语写作；④以韩国语翻译能力为培养任务的核心课程，包括韩国语报刊选读、韩汉互译。

第二，升级专业类课程。以实现学生成功就业为目标，开设多样化的专业课程，以供学生选修。例如，围绕旅游方向可以开设韩国语导游基础知识、旅游韩国语、韩国语导游实务、前厅运行与管理、酒店管理等课程；围绕商务方向则可以开设商务韩国语、单证实务、外贸函电、国家贸易实务等课程；围绕韩资企业运营方向可以开设市场营销、韩资企业文化、科技韩国语、企业管理等课程。

（三）落实学用结合培养模式

为培养韩国语专业学生的语言应用能力，实现应用韩国语专业人才培养目标，相关院校可以在原有多媒体教室、语音室的基础上，积极搭建韩国翻译工作室与文化体验室，并积极与当地韩资企业合作，成立应用韩国语专业实践基地，构筑多元化、多维化、多层次的实践教学平台。通过韩国语基础学习、韩国语提升与韩国语应用三个阶段的阶梯性教育与训练，循序渐进地提升学生的韩国语应用水平与综合素养。其中，多媒体教室主要用于韩国语基础阶段与韩国语提升阶段，重点发挥基本语言课程教学功能；语音实验室在韩国语基础阶段、韩国语提升阶段与韩国语应用阶段均需使用，核心作用在于培育学生的韩国语听说能力；翻译工作室在应用阶段发挥效能，其以企业实际翻译任务为主要载体来完成实际翻译任务，培育学生韩国语翻译技能；文化体验室用于韩国语教学的各阶段，目的在于让学生亲身体验韩国文化，更多地了解与体会韩国民风民俗，以此深化对韩国语言的掌握与理解。除此之外，还要积极组织学生到韩资企业实习锻炼，促进其跨文化交际能力的提高。

（四）打造多元组合师资队伍

一流师资队伍是培养应用韩国语专业人才的基础与前提。因此，相关院校要高度重视教师队伍建设工作，可通过聘任或培养等方式，构建由校内教师、韩籍教师、外聘专家等构成的多元组合师资团队，最大化实现优势互补，为我国应用韩国语专业教育教学提供强有力的师资保障。

例如，可以积极借鉴"三导制"人才培养模式，即以班级为单位，配备专职辅导员、学生辅导员与专业辅导员。其中，专职辅导员负责韩国语专业学生的日常管理与思想教育工作；学生辅导员负责学生的生活服务工作，旨在保障学生的正常生活；专业辅导员负责学生的未来职业发展定位，为学生的学习与未来职业发展规划提供指导。"三导制"人才培养模式的本质是由德育工作者、学生和专业教师三方共同构成的多元化育人团队，目的在于为学生的思想、生活与学习提供全方位指导与帮助，核心功能在于保障高素质综合技能型韩国语人才培养目标的实现。

应用韩国语专业人才培养模式的构建是一个不断探索与创新的过程，需要紧密结合市场形势与地区经济发展特征，构建适应社会发展所需的人才培养模式，培育满足社会需求的高技能、高素质的应用韩国语专业人才。这就要求高校应用韩语专业教师持续创新教学思维与内容，科学定位各阶段教学任务与教学目标，始终遵循韩国语应用基本原则，彻底摒弃陈旧的应试教育思想，积极开展多种形式的社会实践活动，实现课程引领和实践锤炼的有机结合，推动第一课堂和第二课堂的高效衔接，全力为应用韩国语专业人才培养模式的探索与革新奠定扎实的基础。

第六章 韩国语课堂的创新实践

第一节 职业用途韩国语课程的开发策略与实践

　　针对高校应用韩国语专业职业用途韩国语课程教学资源匮乏、教学模式传统低效等问题，可以产出导向法（POA）理念为指导，结合学生就业需求及语言习得规律，采用行动研究法、文献总结法、比较研究法等研究方法，以校企合作的方式，在应用韩国语国家骨干专业建设课程成果的基础上，借助国家职业教育教学资源库备选库课程平台，从课程体系建构、课程标准制定、新形态教材编写、融媒体教学资源开发、教学模式创新等方面，有的放矢地展开职业韩国语类课程的开发与应用。进而促进"学用结合""文道结合"，即促使韩语习得与职业应用及人格塑造相契合，为我国高校应用型韩国语人才的培养提供路径参考。

一、聚焦课程思想政治教育的渗透力

　　我们应聚焦课程思想政治教育的渗透力，编写职业用途韩国语课程标准，解决课程内容与职业应用脱节问题。发挥产教融合优势，围绕商务服务、旅游服务、生产翻译三类课程群，与相应的行业专家、企业骨干共同展开"商务韩语""跨境电商韩语""酒店韩语""旅游韩语""半导体韩语""职场韩语" 6 门课程标准的编写同时，编写课程标准时应融入韩国语职业技能，注重课程之间的衔接递进，满足学生职业面向多元化的个性需求和差异化要求，促进韩国语教学有章可循，使课程目标、教学实施与职业应用紧密结合。

一方面，挖掘职业用途韩国语课程承载的文化和价值观念；另一方面，挖掘职业用途韩国语课程"职业文化"蕴含的中华文脉和职业精神内涵。提取韩国语词汇所包含的"文化点"，梳理语篇中传递的"职业内涵"，选择语言规范、价值观正确的表达方式，使学生掌握韩国语业务术语，具备职业领域的跨文化交际能力，厚植中华文脉，培育家国情怀，坚定文化自信。

二、聚焦情境建构的潜在力

我们应聚焦情境建构的潜在力，开发新形态一体化教材，落实关键职业能力培养路径。解决语言技能训练与人格塑造分离问题，围绕典型工作岗位，再现"商务服务""旅游服务""生产翻译"等典型情境，梳理韩国语岗位工作过程，按照业务流程确定学习任务。从而丰富学生知识体系，将韩国语知识、职业领域技能、职业素养融入情境设计和文本编写中，使词汇、语法、句型所承载的言语方式、知识信息、文化底蕴在职业韩国语训练中得到强化、内化及转化，并衔接、贯通。

三、聚焦课堂创新的辐射力

我们应聚焦课堂创新的辐射力，创新产出学用结合的课程教学模式与方法，解决语言输入与输出分离问题。在实施层面，以教师为主导，以学习为中心，学用结合。课堂上，结合韩国语教学交互的实时性，预见学生误差，把握可教时机，灵活运用驱动、促成、评价这三个 POA 教学环节促成教学实施，并检验目标达成，为培养学生具备良好的职业素质、跨文化沟通交流能力提供可能。落实关键能力培养路径，以企业工作情境丰富"POA 驱动场景设计"，通过线上线下混合式教学模式，利用大数据分析实现课程思想政治对学生的价值供给与行为引导，促进语言输入转化为语言输出，提升韩国语职业应用技能，使学生学以致用，提高学生的首岗适应能力，为学生长远可持续的职业发展奠定坚实基础。

课前，教师应指导学生通过学习地图，确认学习任务，了解相关知识，完成词句在线测评，通过全景地图、App 等非正式学习手段展开学习引导。

课中，教师在强化韩国语输出质量和水平的同时，帮助学生明确行为动机，提高学习兴趣，展开专项操练，将理论知识转化为实践运用。

课后，教师可以运用在线课程、App、电商平台实操等方式，完成工作流程与内容总结，培养学生的批判性思维、爱国情怀、文化自信等品质，提升个性化学习和可持续发展能力。

第二节　跨文化交际在韩国语教学中的实践研究

跨文化交际能力是指一种在一定语言能力的基础上，结合人文知识及交际知识，能够与来自不同文化背景的人进行有效沟通的能力。高校韩国语专业教学学制相对较短，因而专业课程设置学时短，专业基础课程所占比重高，从而压缩了文化等提升类课程的授课比重。因此，教师在教学过程中更应当高效地利用教学时间，将专业知识传授同语言文化渗透结合起来，使学生在学习专业基础课程的同时对韩国文化有基本认知，培养学生的跨文化交际能力。

一、优化课程体系

韩国语教学中，要提高学生跨文化交际能力应先优化课程设置。以当前韩国语专业课程设置情况来看，大学一年级设置有初级韩国语、韩国语语音技巧等，以专业基础课程为主；对于韩国文化元素的认知除任课教师偶有渗透和学生自行通过课外网络手段获得以外，并没有系统性的文化类课程设置。二年级后会增加"韩国文化"和"韩国概况"等文化类相关课程，但教学任务一般设置为 30 学时，学生系统性地接触韩国文化知识机会较少，对语言目标国文化理解相对薄弱。因此，在设置教学任务阶段，应根据学生当下实际的学习情况，有针对性地提高文化类课程在教学计划中的比重，激发学生学习韩国文化的积极性，提高学生对中韩两国文化差异的敏感度。

二、更新教学方式

随着现代技术的发展，先进的科技逐步走进高校课堂，多媒体教学、智慧课室、虚拟现实（VR）技术等不断改变着传统粉笔黑板式的教学模式。韩国语教学，尤其是文化类拓展课程，也应采用现代科技，有效利用学校语音设备教室，使学生真正参与到课堂建设中来。例如，教师可以组织学生亲自参演的体验式教学法、VR 技术辅助的情景式教学法加深学生对韩国文化的理解。同时，任课教师可以在课堂设计中增加分析、讨论环节，引导学生对跨文化交际案例进行评价和讨论，培养学生选择性接受的思维模式。在此基础上，教师可以小组形式呈现阶段性研究成果，由此提高学生参与课堂的积极性，从而锻炼学生的韩国语交际能力。

三、整合教学资源

教材是教学过程的重要参考依据，是课程标准的具体体现形式，它系统反映了学科内容的特点并关联着基础知识与当代科学新成就之间的关系。教师授课是以教材为主线进行讲解，并在此基础上拓展相关内容的。而传统教材的更新速度难以应对现代信息技术瞬息万变的态势，整齐划一的教材标准也难以满足每一个学生的实际学习需求。因此，任课教师可根据具体授课情况，有针对性地合理安排教材，如可选用活页式教材，适当添加文化元素，实现教学内容的实时性、针对性。除此之外，教师应适当增设韩国语相关图书板块，定期订阅韩文期刊、杂志等，为学生了解时下韩国文化提供便利条件，扩充教学资源。同时，高校可以拓展数字图书访问权限，增加学生的阅读资料和学习资源，鼓励学生利用课余时间进行自主学习，提高学生学习课本外知识的积极性。

四、开展文化实践活动

跨文化交际能力是大学生应具备的综合素质，它不仅考验学生的语言能力，还检验学生对不同文化的理解和包容度，以及在跨文化交际过程中的技巧性。走出基础教学课堂的文化实践活动往往更能使学生积极参与，这有助于加深学生对跨文化交际的认知。学生在与韩国人交流的过程中不断发现自己在运用韩国语时存在的不足，如词汇积累薄弱、敬语使用不当等，这有助于学生逐步养成韩国语思维表达习惯，纠正母语惯性思维，从而激发学生学习韩国语的内在驱动力。除此之外，也可发挥外教的能动作用，让外教发挥语言和文化的示范者和传递者的功能，通过外教的语言表达和行为表现，使学生直接有效地感受韩国文化和语言表达习惯，提升自己的跨文化交际能力。

跨文化交际在跨国交流、跨文化交流中扮演着十分重要的角色。学习语言的过程也是接受差异和文化传播的过程，在已掌握基本语言的基础上学习理解外国文化是外语学生自我提升的目标过程。

第三节　现代信息技术在韩国语教学中的应用实践

一、现代信息技术的发展特点

信息化技术是一个非常宽泛的概念，所有涉及计算机、互联网的技术都可以被称为信息化技术。此处所指的信息化技术指的是在教学过程中运用的以信息化为核心的技术手段。信息化技术作为一种革新技术，改变了传统的教育理念、教育方式、教学环境与教学评价。从学校层面到教师层面，都要主动"靠近"与理解这种技术手段，并将其充分运用在教学中，为学生学习潜能的开发增加一个新的途径。而从学生层面而言，信息化技术的运用对学生现代意识的生成和课堂主体地位的确立发挥着重要的作用，是一个连接教师与学生、个体与群体、内部理念与外部环境的重要概念。

我国信息化技术在语言教学中的运用路径实际上遵循的是以点至面的发展路径，有以下特点：

第一，全员发展。在语言教学中运用信息化技术的先决条件在于教师。教师个人的语言素养和语言技能直接决定课堂语言的使用宽度与程度。要想让信息化技术真正地服务语言教学，先要动员教师获取和掌握信息化技术，这样教师在引导学生使用信息化技术完成学习时才更有说服力。而学生对信息化技术的使用效果又直接影响着家长对该项技术的判断。良好的使用效果必然会得到更多人的支持，形成全员发展的态势。

第二，全面发展。就外部而言，在语言教学中使用信息化技术已经比较成熟。在相关政策的指引下，学校的管理者、教育主管部门等都能结合实际情况，开展一些保障性工作，如师资队伍的培训、教学计划的制订、教学技术的运用等。而且信息化技术本身就是一个动态发展的过程，伴随着技术的开发和革新，信息化技术的覆盖面会更加全面，由此督促使用者在设计、实践等各个环节趋于完善。

第三，全过程发展。语言的学习本身是一个常态化的过程。要想学好一门语言，必须有良好的语言环境，即一种浸润式的环境。信息化技术以混合式的教学模式和多种多样的软件为依托，突破了传统教学时间与空间的限制，让学生可以根据自己的时间、精力与学习习惯安排学习，取得更好的学习效果。

二、现代信息技术在韩国语教学中的应用策略

（一）完善相关制度管理

当前，高校信息化教学管理是指充分利用信息技术及现代教学管理的思想、方法和手段进行管理，使教学管理的所有环节信息化，从而提高教学管理效率，最终实现信息化教学管理的过程。在国家的宏观背景下，高等院校必须将教学作为一个核心使命，建立一整套与信息化相适应的管理体制。

另外，应从学校发展的整体战略布局信息化教学，设置统一的信息化技术管理机构，在人力资源和物力资源上确保信息化技术保障工作的独立性。此外，可以遵循语言的学习规律建立以教学为中心的信息化教学管理制度，并与其他职能部门和院系协作沟通，将教学管理的权限下放至教学单位，从而提高管理效率，更好地服务教学、服务师生。

（二）优化网络信息环境

信息化技术以信息网络技术为基础，催生了很多信息平台和教学软件。韩

国语教学属于小语种教学，可供选择的平台（软件）并不多。如果从网络环境的角度来看，产生问题的风险的确降低了很多；但是从信息撷取的角度来看，较少的数量必然限制教学资源的获取。因此，学校需要依据实际情况完善校内网的韩国语学习资源。

第一，教师可以浏览市场上的相关教学软件，提炼出各个软件的特点与优势，结合多种教学手段设计与组织学习资源。还可以引入人文知识、科技知识等内容，使韩国语的学习层面更加广泛，与教材的设计初衷保持一致。因为是自行开发的教学资源，教师可以在不同的年级侧重不同的教学要点，最终建立起多维度、多元化、多方位的网络教学资源体系。例如，高校一年级学生以词汇教学为主，而对于高校四年级学生，则可以设置商务韩国语等主题教学内容。

第二，需要及时更新校园网络，使其更好地为信息化教学服务。在基础设备购置上要加大投入，对教师进行软件系统的使用技能培训，及时剔除过时和陈旧的内容，确保教师使用的软件系统既安全又实用。

（三）提升韩国语教师素养

信息化技术的引入，使得语言教学不能只停留在语汇、语义、语法的学习阶段。教师的专业能力还应该包括对信息化技术的使用能力。教师可以将其设立为一个单独的内容进行培训，培训内容可以通过以下途径实现。

第一，在校内搭建信息化技术大赛平台。让教师在信息化技术大赛中发现自己的特长与不足，如有些教师的数字资源整合能力较强，有些教师善于从教学资源中提炼优化教学流程，还有的教师擅长通过各个渠道收集适合的教育资源。通过信息化技能大赛发现教师的各自优势后，学校可以组织交流会，让教师之间互相分享知识经验，互相学习借鉴，在比赛中改进、提升、践行、创新。

第二，主动为教师安排培训。高校可以积极开展信息化技术培训，着重于对网络资源的分析与整合。语言本身就是一个现成的内容，如何让语言的价值和语言教学价值发挥到最大化是培训的重点。同时，语言的培训与学习不是闭门造车的过程，学校可以促成与兄弟学校的交流，以此强化教师的信息化技术理念，提高教师的教育教学能力。

第三，注重培训的后续跟踪工作。一方面，邀请专家考核培训的结果，为合格的教师颁发结业证书；另一方面，还要在日常的教学管理中安排听课活动，并据此考核教师将信息技术运用到教学工作中的效果，以此革新教师的课堂教学理念，提升课堂教学的效率。从而通过不断的培训，使教师真正地把信息化技术融入语言教学中，形成一种自发自觉的教学行为。

（四）强化高校学生的技能

作为课堂教学的两个主体之一，学生的信息化技术能力也需要得到强化。首先，学校要引导学生正确认识信息化技术在外语学习中的促进作用，深刻感受信息化技术与语言教学相结合的重要性，再通过开展各种实践活动强化学生的这种认知。其次，教师在教学中要有意识地使用微课、慕课等教学模式，让学生在新型教学模式中理解信息化技术的内涵，体会信息化技术的便捷性与精准性。再次，教师在课堂中应充分发挥学生的主观能动作用，引导学生使用信息化技术搜集资料，主动地适应信息化技术学习模式。此外，教师可以在反馈评价体系中增设技能性评分环节，鼓励学生以信息化技术为工具完成韩国语的学习。由此可见，在学校、教师和学生的共同努力下，利用信息化技术进行韩国语教学是可以实现的。

信息化技术与语言教学的结合是时代发展的产物。韩国语作为小语种，在信息化技术介入模式的研究中成果并不多，在实践过程中也会遇到很多问题。因此，在认真研判韩国语课程内容与学情的基础上对信息化技术的特征进行分析，找到适合韩国语课堂的途径与策略是非常重要的。此外，为信息化技术介入语言学习采取搭建外部制度，提供师资培训，全面构建语言教学体系等措施，有助于更好地发挥信息化技术的优势，从而取得事半功倍、一举多得的理想教学效果。

参考文献

[1]曹丽丹.跨文化交际在高职院校韩语教学中的应用探究[J].中国多媒体与网络教学学报（中旬刊），2022（4）：179-182.

[2]曹莉.认知心理学在外语教材编写中的应用[J].长春教育学院学报，2015（15）：66.

[3]陈志宏.韩国语汉字词词缀与汉语词缀的对比[D].延吉：延边大学，2013：26.

[4]陈子冰.论外语教学的能力目标[J].内蒙古师范大学学报（教育科学版），2020，33（6）：26-31.

[5]郭石磊.探析韩国语言的起源及发展历史：评《韩语发展史》[J].中国教育学刊，2016（11）：118.

[6]韩建.信息化技术在韩语教学中的应用[J].科教文汇（中旬刊），2021（9）：86-88.

[7]焦丹.深度教学法在外语教学实践中的应用研究[J].外语学刊，2020（5）：79-85.

[8]金少芬.应用韩语专业人才培养模式的构建策略[J].投资与合作，2022（6）：204.

[9]李建军.新编英汉翻译[M].上海：东华大学出版社，2004：5.

[10]李建中.生态外语教学论[J].外国语文（四川外语学院学报），2014，30（2）：169-172.

[11]李康.韩语和汉语的语法特点对比[J].考试周刊，2014（80）：38.

[12]李荣英.浅议教师职业道德[J].新校园（中旬刊），2017（2）：184.

[13]李相玉.汉语与韩国语中汉字复合词形态特征比较研究[J].辽宁师专学报（社会科学版），2022（1）：18.

[14]李颖.虚拟现实（VR）与外语教学模态再建研究[J].外语电化教学，2020（1）：24-30.

[15]林正军，张宇.基于体认语言观的外语教学探索[J].外语教学与研究，2020，52（2）：261-272.

[16]刘辉.职业本科院校"综合韩语实训"课程思政的实践路径研究[J].教师，2022（16）：48.

[17]刘莉.外语教学与语言文化[M].北京：九州出版社，2017.

[18]刘同清.韩国语言文学中的茶文化[J].福建茶叶，2016，38（7）：358-359.

[19]彭庆敏.韩国茶文化对韩国语言文学的影响[J].福建茶叶，2016，38（1）：255-256.

[20]朴慧兰.基于职业定位与职业能力分析韩语教学模式[J].辽宁师专学报（社会科学版），2021（6）：48-50.

[21]申延子，闫钰卓.职业用途韩语课程开发策略与实践[J].张家口职业技术学院学报，2022，35（2）：68.

[22]王佳.新思维下外语教学方法与策略研究分析[M].长春：吉林大学出版社，2020.

[23]许昕.中韩语言交流翻译人才培养探究[J].人才资源开发，2017（24）：129.

[24]玄晓婷.文化自信融入韩语课程的混合教学模式探究：以高职院校韩语课程为例[J].辽宁高职学报，2022，24（7）：30.

[25]张文娟，杜娟，董杰."诗歌导入型"韩语教学模式构建思路探讨[J].湖北成人教育学院学报，2022，28（2）：45-50.

[26]张曦."O2O教学模式"在基础韩语课程中的应用[J].福建茶叶，2019，

41（10）：192-193.

[27]张晓曼.语言接触视域下汉语对韩国语影响研究[J].东北师大学报（哲学社会科学版），2015（6）：163-168.

[28]赵辉辉.在高校外语教学中提升学生思辨能力[J].中国高等教育，2020（18）：61-62.

[29]朱皋.略论汉语和韩语语法上的差异[J].韩国语教学与研究，2021（4）：20-24.

[30]庄恩平.跨文化外语教学研究与实践[M].上海：上海外语教育出版社，2012.